走进"一带一路"丛书

浙江省社科联社科普及课题（19WT06）

尼罗河的馈赠

埃 及

侯 眷 编著

The Arab Republic of Egypt

浙江工商大学出版社
ZHEJIANG GONGSHANG UNIVERSITY PRESS

·杭州·

图书在版编目(CIP)数据

尼罗河的馈赠：埃及 / 侯眷编著. — 杭州：浙江
工商大学出版社，2020.10
（走进"一带一路"）
ISBN 978-7-5178-3340-6

Ⅰ. ①尼… Ⅱ. ①侯… Ⅲ. ①埃及—概况 Ⅳ.
①K941.1

中国版本图书馆 CIP 数据核字(2019)第 149807 号

尼罗河的馈赠——埃及

NILUOHE DE KUIZENG——AIJI

侯　眷　编著

责任编辑	吴岳婷
封面设计	林朦朦
责任校对	贺　然
责任印制	包建辉
出版发行	浙江工商大学出版社
	（杭州市教工路 198 号　邮政编码 310012）
	（E-mail:zjgsupress@163.com）
	（网址:http://www.zjgsupress.com）
	电话:0571-88904980,88831806(传真)
排　　版	杭州朝曦图文设计有限公司
印　　刷	杭州高腾印务有限公司
开　　本	880mm×1230mm　1/32
印　　张	5.875
字　　数	148 千
版 印 次	2020 年 10 月第 1 版　2020 年 10 月第 1 次印刷
书　　号	ISBN 978-7-5178-3340-6
定　　价	49.80 元

‖ 目　录 ‖

开篇

　　对于大多数中国人来说,埃及并不陌生。当我们谈到"世界八大奇迹"时,"兵马俑"和"金字塔"或是最先脱口而出的两个。一些年长的中国人对埃及的深刻印象,或许源自周恩来总理在万隆会议上与埃及总统纳赛尔共商未来的历史性会晤;大多数中国人对埃及第一次直接的视觉了解,或许源自1978年上映的改编自阿加莎·克里斯蒂同名小说的电影《尼罗河上的惨案》。尼罗河沿岸美丽的风光和古埃及神庙带来的文化震撼,帮助观众缓解了一幕幕惊险情节带来的紧张情绪。尼罗河和黄河孕育了两个古老的民族。谈到人类文明历史,埃及和中国作为两个古老的国家,常被同时提及,互做比较,这样看来,埃及似乎离我们很近。但从地理上看,埃及又离我们很远。许多人被埃及神秘而古老的文化所吸引,将它定为一个待行走的旅游目的地,但同时又疑惑于埃及"古"与"今"文化上的巨大不同:为什么《圣经》中摩西在埃及西奈山接受上帝十诫,而现今埃及却是一个伊斯兰国家?

　　了解一个人,先从了解他的名字起,认识一个国家亦如是。在地理上看,埃及分为上埃及和下埃及两个地区①,因尼罗河河

---

　　①　约公元前5300年起,古埃及的尼罗河上下游逐渐产生了两个独立政权,尼罗河上游、现今埃及南部地区的政权被称为上埃及(Upper Egypt),尼罗河下游、现今埃及北部地区的政权被称为下埃及(Lower Egypt),以古城孟菲斯地区为分界线。古埃及统一后这种行政分界依然存在,后成为描述埃及地理区位的两个名词。

水定期泛滥,上埃及的尼罗河谷拥有肥沃的土地,故古埃及语中将埃及称为"黑色的土地"。公元前 3100 年左右,上埃及国王纳尔迈(Narmer)统一了上下埃及,在位于尼罗河谷和三角洲交界处的决战地点建立了新的首都——"白城"孟菲斯。而后侵入埃及的亚述人,为描绘古埃及人的灵魂崇拜而将古埃及称为"Ki-Ku-Phon",意为"灵魂之地",古埃及人从此时起,开始将孟菲斯称为"Ki-Ku-Phon"。公元前 332 年末,马其顿人攻占埃及,将"Ki-Ku-Phon"的读音按照古希腊语拼写为 Aigyptos,此后拉丁文据此衍生出"Egypt"这个词,中文将其音译为"埃及"①。在阿拉伯语中,埃及被称为"Misr"。关于这个词的来源说法不一,从宗教的角度看,这个词源自含(Ham)②的第二个儿子麦西"Mizraim",他的封地被认为包含了今天的以色列和埃及地区。③

　　作为最早出现人类文明曙光的地区之一,埃及拥有 7000 多年的灿烂历史,折射出太多的光芒。仅仅从埃及国家名称的由来上,我们就能看出其历史上复杂的民族交融。埃及地处亚非大陆连接处,尼罗河谷一直是这一地区的"粮仓",因此,埃及历史上战事频发,先后有亚述人、波斯人、马其顿人、罗马人、阿拉伯人、土耳其人等统治埃及,并建立了时间或长或短的王朝。在这些外来民族统治埃及期间,不同的宗教、文化都在埃及大地上留下了印迹。因此,虽然在基督教诞生初期,埃及曾是基督教重要的神学研究中心和发展基地,但 7 世纪阿拉伯人到来

---

　　①　杨灏城、朱克柔主编:《民族冲突和宗教争端》,人民出版社 1996 年版,第 348 页。

　　②　《圣经·创世纪》和《古兰经》中的人物,诺亚的第二个儿子,相传是非洲人和亚述人的祖先。

　　③　معجم البلدان – ياقوت بن عبد الله الحموي- الجزء الخامس، بيروت،دار الصادر،د.ت،ص

后,埃及被伊斯兰化,伊斯兰教成为埃及人普遍信仰的宗教,并对埃及影响至今。如今游客们可以在这里看到狮身人面像等古埃及文明遗迹,也能看到希腊、波斯、阿拉伯、奥斯曼土耳其风格的建筑。

作为两大人类文明发祥地,中国和埃及虽相隔万里,但双方的交流和友谊却历经了千年的积淀。公元前2世纪,汉武帝派遣张骞出使西域,横贯亚欧大陆的交通贸易要道"丝绸之路"逐渐形成,古代中国从此开始了与中亚、西亚乃至地中海地区的直接交往。自此,古籍中关于中国和埃及两国的记载也开始逐渐增多:《史记·大宛列传》中首次出现了地名"黎轩",此后在《汉书》《后汉书》中也有关于"犁靬""犁鞬"的相关记载。虽然关于"黎轩"的具体位置学界尚有争议,但有部分学者认为"黎轩"正是当时埃及托勒密王朝建立的亚历山大城。公元3世纪中叶,三国时期著名史学家鱼豢在《魏略》中对大秦国(罗马帝国)进行了地理位置、自然环境等的描述,当时埃及为罗马帝国统治下的一个行省,因此,其中的部分表述被认为正是当时埃及的状况。同时,很多学者认为埃及是最早了解古代中国相关信息的非洲国家。1993年,科学家们在一具古埃及第二十一王朝(前1070—前945)的女性木乃伊头发中发现了蚕丝纤维,当时唯有中国可生产丝绸制品,因而有学者认为这是产自中国的蚕丝。[①] 公元1世纪,亚历山大一个商人在其写作的《红海回航记》中将中国称为"秦尼"。

由此可见,中国和埃及关于彼此的记述在历史的长河里从此未断绝。而这些早期的记述和发现,证明中国和埃及作为东

---

① Lubec,G.,J. Holaubek,C. Feldl,B. Lubec and E. Strouhal. "Use of Silk in Ancient Egypt". *Nature*,1993,362(6415),p.25.

西两大文明古国,经济交流由来已久。特别是随着唐朝中国造船业和航海业的发展,中国的对外丝绸贸易从陆路转为海路,浙江凭借在中国造船业和航海业中的领先地位,开始成为当时对外贸易最活跃、最重要的地区,也成为海上丝绸之路的中心区。从此时期至元朝,包括埃及人在内的很多阿拉伯人来到杭州、明州(今宁波)等地经商,他们或往来于中国与本国之间,或定居于杭州世代生活。① 但至明代,中国与阿拉伯地区的外贸活动逐渐衰退,随后彻底断裂,浙江与阿拉伯国家的交流也陷入停滞。

19世纪至20世纪中叶,中国与埃及都在西方列强的殖民与掠夺中艰难行进,最终,以中华人民共和国与阿拉伯埃及共和国的崭新面貌再次相遇。在中国加入世界贸易组织后,中国与阿拉伯国家的交流再次迎来发展高峰,而这次,中国人选择主动走出去,特别是浙江商人,形成了"西"向的浪潮。从那时起,来到埃及的浙江人便在埃及的土地上坚韧耕耘,创造着奇迹。

文化,是一群人的故事,文化间的交流,是人们彼此结识、互述故事、携伴前行的过程。无论是曾经海上丝绸之路的推动,还是如今"一带一路"人类命运共同体的联结,我们一直葆有认识世界的热情,也从未停止过讲述。这本书,就来讲一讲埃及,讲一讲"我们"与埃及的故事。

---

① 　陈炎:《海上丝绸之路与中外文化交流》,北京大学出版社1996年版,第61页。

上篇

尼罗河的馈赠

古希腊历史学家希罗多德(Herodotus)在《历史》中描述埃及时说:"关于埃及本身,我必须多花些笔墨来评述了,因为没有哪个国家有这么多令人惊异的事物,没有哪个国家有这么多的难以用笔墨描述的巨大工程。"①而这一切,都因为"尼罗河的馈赠"。虽然有学者认为,这个说法只是希罗多德引用了一个早在《历史》之前就存于古老记忆中的说法,但时至今日,无人能否认这个说法是如此恰如其分:因为不论何时,若要谈及埃及的一切,总是离不开这条世界上最长的河流——尼罗河。

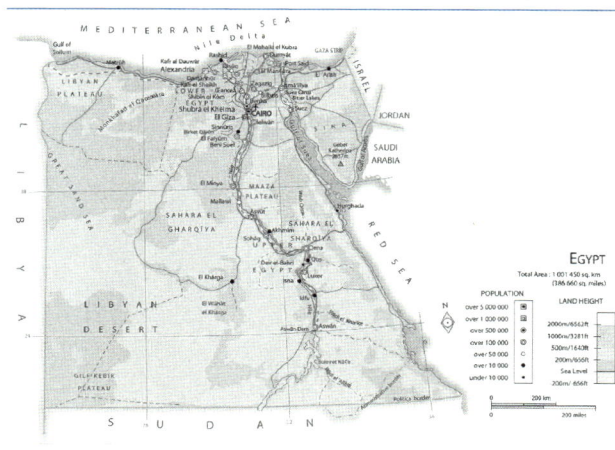

埃及地图

---

①　希罗多德:《历史》,徐松岩译注,上海人民出版社 2018 版,第 205 页。

起源的故事

今日的埃及位于非洲的东北角,并包含了亚洲的西奈半岛,它北临地中海,东濒红海,南邻苏丹,西接利比亚。从地图上看,埃及这片土地构成简单、轮廓清晰。这里 96％的国土是黄色的沙漠和焦红的砂岩石,而尼罗河像一条祖母绿的丝带,穿过了燥热的埃及大地,河两岸的浓郁绿色犹如生命之藤,将生命的颜色铺展在荒凉的沙漠中。这条绿色的丝带,不仅仅简单地代表了"绿色"的含义,它还赋予了埃及生命活力。

埃及卫星图

自古埃及起,关于这条"生命之河"就有很多故事和传说。埃及人用多种方式尊崇尼罗河,其中最著名的是哈比神(Hapy 或 Hapi)的故事。中国人习惯将孕育一个民族的河流称为"母亲河",但面对古埃及神话中的哈比神,这个称呼似乎少了点意味。

哈比神①

　　哈比神,在古埃及神话中是洪水的象征。在古埃及,诸神身形大多健美矫捷,拥有令人羡慕的身材比例,但这位哈比神却是一位大腹便便、有一对丰满乳房以至下垂的男性。这是因为尼罗河被看作埃及一切生命的源泉,古埃及人用这些两性兼具的独特形态,比喻尼罗河对埃及的辛勤孕育,以感谢它的无私付出。② 寻找尼罗河的源头,对于古埃及人而言即"寻根",自然也是古埃及关于尼罗河传说中极为重要的部分。古埃及人认为,位于当今埃及境内阿斯旺的尼罗河第一瀑布(First Cataract)是这条生命之河的起源,源于这里的河水分南北两向,而北向正成了穿越埃及、哺育埃及的尼罗河。相传这位哈比神有个深不见底的水罐,平常从第一瀑布流出的水供应了尼

---

　　① 图片来源:https://commons. wikimedia. org/w/index. php?curid=3369966。作者:Jeff Dahl。
　　② 安东尼・萨汀、杰西卡・李:《埃及》,中国地图出版社 2015 年版,第 427 页。

罗河平日的流量,但每到6月,哈比神便会拿出他的水罐,将其倾斜,让罐中的水源源不断地流入尼罗河,与平日的河水混在一起,于是尼罗河水逐日上涨,形成了埃及的泛滥季。由于哈比神每年倾倒水罐的角度并不能保持一致,因此,水流有大有小,尼罗河也就有旱有涝。为免遭过量的洪水侵害,每到尼罗河泛滥季时,古埃及人便会举行盛大的仪式来称颂和赞美哈比神,希望他能保持完美的托举动作,控制水罐恰当的流量。

"恰好"累积的"必然"

尼罗河在一定程度上影响了古埃及人对自然的认知。但从某种意义上讲,古埃及人认为尼罗河源于古埃及境内并"仅赐福于埃及人"的观点是正确的,因为现实中尼罗河的确是成就埃及的宝藏:它全长6670千米,流经7个地形区、10个当今国家,却只在埃及地区孕育出了稳定持久的古代文明。这是一系列"恰好"累积至此而发生的"必然"。

经过现代考证,尼罗河最大的水源,是发自东非、中非湖泊地区的支流——白尼罗河,而位于当今乌干达、坦桑尼亚和肯尼亚的维多利亚湖,因其周边终年降雨,是白尼罗河最大且持续的水源支持。白尼罗河一路奔流汇聚了高原的湖水,又穿过乌干达的丛林,北上进入苏丹南部时,流量已相当可观。但"恰好"位于这里的苏德沼泽,像一个庞大的缓冲带让白尼罗河放缓了奔流的脚步,水流量也因沼泽地区的大量蒸发而大大减少。这个"恰好",在保障了尼罗河水流持续的同时,也减少了白尼罗河河水流入埃及境内的流量,从而避免了埃及境内的尼罗河两岸常年洪水泛滥成灾。

事实上,传说中每年6月出现的哈比神水罐"产自"埃塞俄比亚高原,决定哈比神托举角度的则是这里的夏季季风。源自埃塞俄比亚高原的青尼罗河和阿特巴拉河是尼罗河另外两个主要水源,每年6—9月的夏季季风会带来倾盆大雨,雨水"恰好"携带着埃塞俄比亚高原的颜色——埃塞俄比亚火山山脉上营养丰富的泥沙和黏土——流入这两条河流,在当今北苏丹的喀土穆与白尼罗河汇合。携带丰富营养物质的青尼罗河与经苏德沼泽"过滤"的白尼罗河在喀土穆的汇聚点形成了非洲大陆上的"泾渭分明"奇观,它们在此,以"尼罗河"的名字携手,一路向北,流入埃及,形成埃及尼罗河两岸每年的泛滥季。

在泛滥季,尼罗河的水量会从6月初每天不足5000万立方米,上升到9月高峰期的7000万立方米。[①] 澎湃的河水到达埃及南部尼罗河两岸的平原时,泛溢出河道,会"恰好"冲刷掉两岸土壤中的有害盐分——而这正是很多古代文明建造的水利工程长期难以克服的问题。与此同时,喀土穆至阿斯旺之间"恰好"有6处瀑布,不间断的落差让来自高原的矿物质和含有腐质的泥沙无暇沉淀,一刻不停地随水流流往埃及尼罗河谷两岸的田地,为这里的土地盖上一层肥肥厚厚的淤泥,形成了养育埃及文明的"黑土地"。

埃及南部属于热带沙漠气候,这里夏季高温少雨,异常炎热,却自古便是埃及的"粮仓",这是因为尼罗河独特的泛滥时间"恰好"创造了这里独特的农业耕种周期。在这里,人们秋季播种、冬季培育、春季收获,当北半球的夏季到来,世界上大多数地区的作物正欢快生长时,尼罗河水的泛滥带来了一年一度的农闲时间,这个时段"恰好"让土地处于休养期,而埃及人也得以免受夏日近50℃高温下的辛勤农耕,浸泡在洪水中的沿岸

---

① 詹森·汤普森:《埃及史——从原初时代至当下》,郭子林译,商务印书馆2012年版,第4页。

植物也可免受夏季炽热的炙烤。这些不同寻常的自然现象缓和了原本恶劣的气候对上埃及农业生产的不利影响,让处于热带沙漠气候区的南部地区变成了埃及的"粮仓"。

持久的馈赠

尼罗河不仅赋予埃及"生"的源头,也赠予埃及"行"的长久。

尼罗河是天然的航道,也是这片土地上最理想的航行线路:往北,船只尽可享受稳定的河流推动;往南,船只可借助盛行的西北风沿河航行,假若没有风,船员则能通过沿河的河道牵引船只。因为尼罗河,古埃及很早就拥有了南北"远程交流工具",并享有天然的商业、运输通道。因此,从阿斯旺的尼罗河第一瀑布到入海口,大小船只不间断地航行在这大约900千米长的河道上,成就了古埃及的统一和持续的繁荣。当古时人们需要远距离运送像建筑石料这样巨大而沉重的物体时,尼罗河是绝佳的河运道路——每年的定期泛滥能够把大驳船带到工地边。相较于其他民族,古埃及人使用轮车的时间相对较晚,原因之一是若修建行车道路,则不得不占用沿岸有限的肥沃土地,即便在今天,埃及的沿河公路都相对较窄。但我们想一想,有一条宽阔、免费、拥有天然动力和沿河美景的大河穿过整个埃及,还需要费力去造一条陆上的南北向大道吗?

所以,自古埃及时起,埃及人就集中居住在尼罗河谷沿岸和尼罗河三角洲地区,时至今日,即使埃及的地中海沿岸、红海海湾及苏伊士运河沿岸取得了令人瞩目的现代化发展成就,95%的埃及人仍然生活在仅占国土面积4%的尼罗河河岸边和尼罗河三角洲地区。"拥挤"是很多人对埃及各大城市的第一印象,但这并不影响埃及人的生活热情和对尼罗河的热爱。因此,有人曾说,当古代欧洲大部分地区的人还在身裹兽皮、手舞棍棒时,古代埃及人已经在享受精致的生活,致力于利用天地的秩序维护自然的馈赠。正是对埃及"偏爱"有加的尼罗河,在大自然的协助下,用一系列的"恰好",塑造了肥沃的尼罗河谷平原,孕育了古埃及发达的灌溉农业,加速了这片土地上文明发展的进程,造就了埃及七千年的灿烂历史,以及古埃及人"必然"优越又独一无二的生活。①

① 安东尼·萨汀、杰西卡·李:《埃及》,中国地图出版社 2015 年版,第 426 页。

五千年的辉煌——古埃及帝国

　　埃及,对东方人来说代表了"神秘",对西方人则代表了"夙愿",它之所以如此吸引人,是因为它拥有上下 7000 年的悠久历史。每提到埃及,很多人的第一反应是"金字塔""木乃伊""埃及艳后"……提起现今主要的阿拉伯国家,埃及也必在其中。"金字塔""木乃伊""埃及艳后"是存在于埃及历史上的,但其与"阿拉伯"这个概念却没有关系。今日的埃及是世界上 22 个阿拉伯国家之一,绝大多数埃及人信仰伊斯兰教,他们与创造过金字塔的古代埃及人是完全不同的两个民族。

　　最初生活在埃及的是古埃及人,至现代埃及诞生前,先后有利比亚人、亚述人、波斯人、马其顿人、罗马人、阿拉伯人和土耳其人在古埃及建立了时间或长或短的王朝,或将埃及变为其统治的一部分。在埃及悠久的历史中,统治持续时间最长、最为人所知的,就是创造了辉煌文明的古埃及人,他们建立了世界上第一个单一民族国家,他们的故事持续了近五千年,他们在政治、经济、军事、文化、艺术各个方面取得了极为辉煌的成就。自古希腊罗马时期以来,很多西方学者便对古埃及文明抱有浓厚兴趣。文艺复兴后,西方关于古埃及的学术探讨、考察和考古发现更是取得了很大成就,对古埃及的研究最终形成了"埃及学",它是一门重要的近代人文学科,成为世界考古和世界历史研究中的重要组成部分。

万事备，东风盛

几千年来，古埃及文化吸引无数学者竞相膜拜，他们探究被时间掩盖的过往，因为这里自古就是"天""地""人"的宠儿。

埃及虽然北临地中海，东靠红海，拥有绵长的海岸线和优质的港口，但古埃及文明却属于大河文明，也就是农业文明。大约 30 万年前，埃及尼罗河谷就出现了人类活动的踪迹，那时，位于北非的广阔撒哈拉地区，或是布满绿树的蜿蜒丘陵，或是铺满青草的平坦草原，那时的尼罗河周边是北非早期人类的极佳生活地——散布的溪流、湖泊为早期人类提供了丰富的食物。但在约公元前 1 万年，东北非地区的气候开始变化，夏季温度升高且缺乏降水，干旱的天气把昔日的丘陵、草原变为了茫茫沙漠。于是人们逐渐定居在尼罗河谷，依靠河流的天然馈赠，在那片黑色的土地上开始建立属于自己的农耕文明。

"富足"与"借鉴"——古埃及文明的基础

公元前 5300 年至公元前 2950 年的前王朝时期，是奠定古埃及文明发展的重要时期。在前王朝时期，古埃及已经有自己的语言、文字，有成熟的农业生产和灌溉工程，有独特的政治体系、社会结构和社会组织，更能用各类艺术表达形式记录当时的生活。此时期，古埃及人集中在埃及境内尼罗河上游的一些河谷地区及尼罗河下游的三角洲地区，并已经掌握了农业生产的规律，在满足生存需求的基础上甚至有余粮用于储藏，除了捕鱼食用以满足身体的营养需求外，人们还学会了豢养羊、牛。当"吃饱""穿暖"这两个基本生存条件得到大大满足后，前王朝时期的埃及人有了"闲暇"时间来从事更多的创造性工作，比如制陶、冶金、石器制作等。特别是冶金技术的发展让青铜工具得以突飞猛进，加上石头制作技术的发展，为古埃及如金字塔等石质建筑的成功建造奠定了基础。

随着越来越多专业匠人的出现，人们的社会分层开始显现，丰富的物质支持让这些工匠能够更加专注于研究工艺和发明创造，而各阶层的不断细化丰富了社会的分层，从而继续推动文明的进步。在出土的前王朝时期的文物中，有很多显示权力的象征物和图案，这意味着政治体系已经形成。古埃及人根据主要的居住地区形成了不同的城邦，最终以孟菲斯为界，发展为分处尼罗河上下游的两个独立政权，上游南方地区为"上埃及"，下游北方地区为"下埃及"，权力领袖被称为"国王"。

同时，前王朝时期陶器上出现的船只纹饰，说明那时的古埃及已经和外界有频繁的联系。有学者认为，前王朝后期，古埃及与当今位于伊拉克南部的美索不达米亚文明有较为深入的接触，古埃及文明的文字、农业灌溉工程的发展及纪念性建筑物的修建等方面，都受到了美索不达米亚文明的影响。① 自古以来，更高阶段的文明传播和民族间的文化借鉴，都是促进人类文明共同前进的重要模式，但成功的借鉴应是学习、选择、融合、吸收，最终"为我所用"。在这一点上，前王朝的古埃及人是借鉴他族文明的优秀范例，他们不仅学习，更会改造，不仅吸收，更懂发扬光大。前王朝后期是古埃及时期各领域的发展高潮，特别是统一文字的出现，让上下埃及不再是思想分离的独立个体。这一系列文明累积至此，古埃及文明的飞跃式发展只

---

① 詹森·汤普森：《埃及史——从原初时代至当下》，郭子林译，商务印书馆 2012 年版，第 16—18 页。

欠"统一"的东风。终于,公元前 3100 年,一位名叫纳尔迈①的国王以武力统一了上下埃及,从此,埃及成为一个统一的国家,纳尔迈成为古埃及历史上第一位"法老",揭开了古埃及的"法老"时代。

"统一"——古文明飞越的前提

古埃及统一前,上下埃及分别是两个国家。位于埃及南部地区的上埃及农业发达,国王戴圆锥形的白色王冠,以秃鹰为保护神,盛开的莲花是这里的象征。而下埃及位于尼罗河三角洲地区,有丰富的草类植物,国王头戴檐饰较低的红色王冠,以眼镜蛇为保护神,纸莎草是这里的象征。两个王国各有体系,各有宗教,但它们拥有一条共同的命脉——尼罗河,谁占据更多的河域及相关资源,谁就会更强大。所以,在往复的争抢和消耗中,统一成为历史发展的必然。最终在公元前 3100 年,来自上埃及的纳尔迈带领军队顺河而下,征服了下埃及,统一了埃及全境。1898 年出土的"纳尔迈调色板",通过绘图描述了纳尔迈征服下埃及的场景。

---

① 埃及学研究界曾认为,美尼斯是第一位统一了上下埃及的国王,但 1898 年,著名的纳尔迈调色板被发现。该调色板上,由纳尔迈佩戴着代表上埃及和下埃及的徽章,有学者由此推论纳尔迈于公元前 3100 年统一了上下埃及。但学界对此仍有争议,一些学者认为美尼斯和纳尔迈是同一个人,也有学者认为美尼斯其实是从纳尔迈那里继承了一个已经统一的埃及。此外,还有学者认为纳尔迈只是开始了统一古埃及的进程,但他未获得成功或者只是获得了部分成功,剩下的统一进程则是由美尼斯完成。

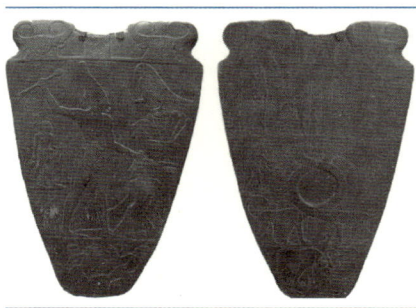

纳尔迈调色板[①]

石板正面的右上方,上埃及的保护神秃鹰站在象征下埃及的一束纸莎草上,一只爪子抓住了下埃及的保护神眼镜蛇。石板的中央是头戴圆锥形王冠的纳尔迈,他左手抓住跪在地上的下埃及人的头发,右手高举权杖正要击打,在纳尔迈的脚下,还有两名敌人正在仓皇逃窜。调色板的反面绘制了纳尔迈征服下埃及后巡视战场的画面。他头戴下埃及国王的红色王冠,走在大批随从中。他们的前面横躺着十具被斩首的敌人尸体。反面的中间有两只交叉的长颈动物,有学者认为这象征了上下埃及的统一,而在这之下,象征着纳尔迈的公牛正在以角攻击城墙,敌人正慌忙逃窜。

这个调色板上最引人注意的,是正在攻击敌人的纳尔迈所戴的王冠为代表上埃及的白冠,而战役结束后则佩戴代表下埃及的红冠。一红一白,两冠加身,象征着纳尔迈完成了对上下埃及的统一,成为这个统一王国的第一任统治者。此后,红白两冠合一成为古埃及法老王冠的标志。所以,当你畅游在埃及

①　图片来源:http://www.museumsyndicate.com/item.php? item =27153。

的神庙中,若看到一位头戴白色锥形王冠的人,那就是统一前上埃及的某位国王;若看到一位头戴红色低檐王冠的人,那他是统一前下埃及的某位国王;而若你看到一位将红色低檐王冠套在白色锥形王冠上的人,那他则是埃及统一后的某位法老。

下埃及国王的红冠　　　　上埃及国王的白冠

上下埃及统一后头戴双冠的法老想象图①

　　当然也有学者认为,前王朝后期上下埃及的物质文化已经相当丰富,社会和政治资源统一调配的需求在很长一段时期已经显现。因此,上下埃及的统一进程或许在纳尔迈之前已经开

---

　　①　图片来源:https://en.wikipedia.org/wiki/User:Jeff _ Dahl? rdfrom=commons:User:Jeff_Dahl。作者:Jeff Dahl。

始起步,纳尔迈的故事只是这个过程中最著名的事件。但无论如何,古埃及的统一在古埃及历史上意义重大,它使上下埃及人民免受过多战争带来的摧残,加强了整个的埃及的文化交流,而统一的政府不仅能对尼罗河沿岸的农业灌溉工程进行集中管理,更能保证埃及境内尼罗河航线的全线畅通,从而推进了古埃及经济的发展,使埃及逐渐形成了完善、稳定的国家体系。在集体的力量和智慧中,古埃及文化最终发出耀眼灿烂的光芒。

今生来世的守望

"法老"——被神选中的人

古埃及统一后的统治者被称为"法老"。"法老"的本意为"巨大的房子",起初代表国王恢宏的宫殿,后来指代统治者本人。在古埃及,法老是一个与"神性"合一的人,在不同的时期,他或代表太阳神在人间的儿子,或被神赋予了能量,带着神对人间的统治权力和要求,掌管了国家的一切:他是国家和宗教的最高领袖,是神与世间的沟通者,指导大众的行事方式,将神在道义、秩序等精神思想上的要求传达给世人;他是国家行政事务的最高决策者,是国家经济命脉的掌控者,对埃及土地以及人们在土地上收获的产品有完全的所有权,人们绝大多数的日常所需都由法老进行二次分配;他也是军队的最高领导,指挥军队保卫国家、拓土开疆。随着国家事务的发展,古埃及衍生出了专门的机构和政府组织负责各领域的具体工作,但这些机构也都服从于法老,服务于法老的需求,例如"维西尔"是古埃及的宰相,是国家管理的最高负责人,在古王国和中王国时代,"维西尔"的职责几乎囊括了民众社会生活的各个方面,可以说他是除法老之外全国的首席执政官。① 同时，古埃及分为若干个州，每个州的具体事务由法老任命的州长官负责，后来，又分别在上下埃及设立了地位高于州长官的职位，监管上下埃及。

在欧洲历史和中国历史上，发生过很多"公主和亲"或"王室联姻"的事件，这种外交联姻是实现国家政治、军事目的的一个手段，在各国历史上较为普遍。但这个现象在古埃及却鲜有发生。因为在古埃及这样一个中央集权制的国家，法老的王位继承实行世袭制，为了保持后代法老血统的纯正、稳固统治地位、防止日后权力落入他人之手，古埃及王室通过王室内部通婚的方法来保持血统。因此，法老会娶自己同父同母、同父异母的姐妹作为妻子。当然，个别法老在政治权力稳固的情况下，也会娶来自外族的妻子，例如阿蒙霍特普四世（Amenhotep Ⅳ）的妻子纳芙蒂蒂（Nefertiti），就是一名来自异域的美丽女子。

如上所述，古埃及王室从神权、行政体系和血统保障各个方面，对统治的合法性和稳固性进行加强。在漫长的发展中，古埃及统治架构在不同王朝时期会根据当时的具体情况有所调整，或是为了防止权力膨胀后宰相威胁国王的绝对权威，或是为了防止各州形成地方势力威胁中央权威。为实现法老对地方的绝对统治，总督制、双宰相制都曾出现在古埃及政治体系中。例如在第十八王朝时期，哈特谢普苏特（Hatshepsut）女王在下埃及的孟菲斯和上埃及的底比斯各设置了一名宰相，采取双宰相制度以实现对地方的有效统治；而在其他王朝时期，

---

① 王杰：《古代埃及新王国时期的维西尔》，东北师范大学硕士论文，2005年，第12页。

国王为了削弱宰相的权力,会单独任命财政大臣或王宫事务总管,以确保国王对国家经济命脉的有效控制。这一切,都是为了维护法老神化的中央集权。但即便如此,在权力巨大的诱惑力下,王公显贵们对法老宝座的觊觎也从未消失,王权、神权、行政权、军权、地方统治权之间的博弈也从未停歇。王室宫斗、夺位篡权、地方割据、军事政变等充斥在古埃及的历史上,成为古埃及改朝换代的主要原因。

"法老"文化在埃及历史上的影响根深蒂固,当外族侵入埃及建立统治政权时,也会融入埃及的"法老"文化,通过宣布自己是这片土地上新的神授权威来树立统治威望。例如亚历山大大帝(Alexander the Great)公元前 332 年进入埃及前,特意拜访了锡瓦绿洲的阿蒙神庙,以证实自己接受了神谕,拥有了神性,随后宣布自己为埃及新的"法老"统治者。① 直到今天,法老文化也仍在影响着埃及人的政治认知。穆巴拉克曾因其执政早期显著的政治成绩备受埃及人爱戴,但在 2010 年的埃及革命中,人们对他后期政策的失望不断扩大,穆巴拉克最终选择下台,当时有示威者用"末代法老的终结"来形容革命的胜利,"末代法老"形象地表达了反对者对他后期执政的失望。当塞西总统上任后,因为他过去在军中的利落作风和担任总统后迅速颁布的一系列改革措施,埃及人民将其称为"新法老"。但这次,这个称号更多包含的是人们对他的积极愿望,希望他能如古埃及历史上那些政绩显赫的法老一样,带领埃及走出当下的经济困境。人们好奇,为什么在共和制的今天,埃及人还愿意称总统为"法老"?这似乎意味着埃及人依然愿意接受"中央集权"式的管理。埃及革命过去 5 年后,笔者

---

① 詹森·汤普森:《埃及史——从原初时代至当下》,郭子林译,商务印书馆 2012 年版,第 98 页。

曾与埃及朋友谈到此事,他说:"对于现在的埃及来说,叫什么并不重要,人们最大的愿望是经济好转、有活干,只要有人能实现这些,埃及人就愿意叫他'法老',现实的生活让大家无暇去顾忌这个词代表了什么,毕竟生存是第一位的。"

追求"永恒"

世界上每个古老民族都有属于自己的神话故事和宗教体系,这些精神体系反映了这个民族的古老先民对世界的认识和思考。在当时,这些精神体系解答人们对自然的疑惑,指导人们的行为,也引导人们的思想。值得注意的是,在早期的宗教和神话内容中,对于"生死"的解释是极为重要的内容,当人们面对有限人生与无限宇宙产生出悲伤情绪时,这些故事和思想引导人们追求生命的永恒和不朽。同样,古埃及神话和宗教对生死的诠释也渗透到了古埃及社会生活的各个方面,其内涵在古埃及文明中占据了绝对的主导地位,并对古埃及的王权制度产生了极为重要的影响。

在古埃及,尼罗河是一切生命的源泉。在古埃及人心目中,太阳升起的尼罗河东岸象征着生命的源头,而太阳降落的西岸则是亡灵的世界。因此,现存古埃及法老们的金字塔,都分布在孟菲斯附近的尼罗河西岸,埋葬着众多新王国时期法老的"帝王谷"(Valley of Kings),也位于卢克索地区的尼罗河西岸。对于死亡,人们通常会感到恐惧,但生与死的概念对于古埃及人来说却并不绝对,他们认为此生是暂时的,人死后灵魂会升天,且终将在未来的某一天复活,而这种坦然的生死观正来自古埃及人对冥神奥西里斯(Osiris)的崇拜。

在古埃及庞大的神祇系统中,奥西里斯是影响最为深远的一位神灵,他的神话植根于原始时代。传说他是上埃及地区一名贤明的国王,他教子民耕作,熟识土地上出产的各种果实,让人们不再缺衣少食；他制定法律，教人们尊敬神灵，让民众从野蛮走向文明；他的妻子伊西斯（Isis）善良贤德，与百姓一起耕作劳动，与奥西里斯一起带领国家进步。因此，奥西里斯夫妇赢得了境内子民无尽的拥护和爱戴。但是奥西里斯的弟弟塞特（Seth）却忌妒他的才干，同为王嗣却未能继位的命运让塞特心有不甘，一直觊觎王权。于是塞特命人按照奥西里斯的身形打造了一个精美的箱子，在一次庆祝宴会上当众展示，并说谁躺在里面最合适便把它送给这个人。奥西里斯躺入后，箱子大小正合适，这时塞特突然将箱盖合起，命人用钉子将箱子封口后扔入尼罗河。因当时奥西里斯夫妇并无子嗣，塞特"顺理成章"地成为新国王。奥西里斯遇害后，伊西斯一直在寻找丈夫的尸体。她找到丈夫的尸体将其藏匿在沼泽地中，还是被塞特发现了。恼怒的塞特再次夺取了奥西里斯的尸体，并将其分解，抛撒在埃及全境。悲痛的伊西斯再次踏上寻找丈夫尸块的路，当她把丈夫被肢解的尸体找回并拼成完整人形后，奥西里斯短暂地复活了，并使伊西斯怀上了他们的孩子荷鲁斯（Horus）。据称，为了免遭塞特的再次攻击，奥西里斯的身体被制成了第一具木乃伊。荷鲁斯长大成人后，从塞特手中夺回王位，成为上下埃及之王，成功地为父复仇，而奥西里斯则成了死者的审判官和冥界之王。

奥西里斯复活的神话是古埃及神话及宗教体系中最重要的构成之一，是一切复活神话的基础，"这些复活之神死去，只是为了再一次复活"。随着时间的推移，这个复活的神话不断加强了法老的"神性"：荷鲁斯为父复仇后成了国王，奥西里斯也成了冥界之王，因此人们认为在世的法老便是荷鲁斯的化身,而故去的法老则等同于奥西里斯,①不论活着还是死去,法老在两个不同的世界都在行使权力、执行职责。

其实这个自原始时期就深深影响古埃及文明的神话,是一个关于"生存—死亡—复活"的循环故事。古埃及人认为,人们从现世的人生走向死亡只是从一个世界走向另一个世界,是肉体与灵魂的暂时分离,人死后只要保持尸体的完整,灵魂就会回来,人也会复活。因此古埃及人非常强调"永恒的来世",不遗余力地为自己死后的灵魂创造一个安静、适宜的栖息地,并将自己的尸体完整保存,做成木乃伊阻止尸体的腐烂,使其便于识别,以方便灵魂找到身躯重回世间。当然,古埃及时期大多数普通人死后,只能简单埋葬在沙漠边缘的简陋墓穴里,但精英阶层则希望有更好的墓穴,法老们则凭借自己对国家的完全掌控,调动国家资源和力量为自己修建各类丧葬纪念物,有的法老继位后即刻开始准备自己死后的安息地,这些建筑中最著名的就是金字塔。

"永恒"的载体——金字塔

在古埃及历史上,纪念性建筑物基本分为两大类,一类是为祭祀神明而建的神庙,例如卢克索神庙;另一类是丧葬纪念物,例如法老陵寝。上下埃及统一后,在第一个王朝——早王朝(约前2950年—前2613年)时期,古埃及将国家的权力中心和发展中心由南部移至北部,在今天开罗西南方的尼罗河河岸建立了孟菲斯城。早王朝初期,统治者和国家的贵族阶层去世后会被埋在孟菲斯地区规划好的坟墓里,被殉葬者的墓地包围。这一时期最著名的统治者左塞尔(Zozer)继位后,下令修建了世界上第一个巨

---

① 杰拉尔丁·平奇:《埃及神话》,邢颖译,外语教学与研究出版社2013年版,第215页。

大的石材建筑物——阶梯金字塔。左塞尔的阶梯金字塔高 60 米，共有 6 个阶层，并设计了放置国王墓穴的地下宫殿。虽然这个金字塔与后世的金字塔无论从占地面积还是地下宫殿的复杂程度而言，都无法进行比较，但这个建筑物在当时是巨大的进步，它的建造是埃及统一国力的象征，无论是设计智慧、材料搬运还是建筑工程环节，埃及都开始体现出明显的活跃态势。"统一的埃及已经获得了一定水平的技术掌控能力、经济权威和中央集权控制力，这使得埃及能够实施纪念性建筑物的建构工程"①。从这一时期开始，古埃及出现的纪念性建筑物建构工程"是任何其他古代文明的工程无法匹敌的"。

　　在金字塔建造浪潮中，古王国时期的法老斯尼夫鲁（Sneferu）和他的儿子胡夫（Khufu）是最著名的两位建造者。在斯尼夫鲁之前，法老们纷纷效仿左塞尔建造阶梯形金字塔，但斯尼夫鲁将阶梯金字塔转为了现在大众所熟悉的金字塔形状：底座呈正方形，建筑的四面呈光滑的三角形并在顶部汇聚成最高点。而他的儿子胡夫法老则在吉萨建造了最大、最为后世所知的金字塔——胡夫金字塔。胡夫金字塔建造之初高达 147 米，曾是世界上最高的建筑，它由 230 万块大小不等的石块组成，石块平均重 2.5 吨。关于金字塔的建造方法，学界至今仍有不同观点，有学者认为大多数石头采自建筑场地周围，一些采自尼罗河上游地区的巨大石块则借助尼罗河泛滥季的洪水运输到吉萨高原；也有学者通过对从金字塔上取下的小石块进行化验认为，建造金字塔的巨石不是天然的，而是由贝壳、石灰石等构成的"混凝土"浇筑而成。人们在不断探求胡夫金字

---

① 詹森·汤普森：《埃及史——从原初时代至当下》，郭子林译，商务印书馆 2012 年版，第 23 页。

塔石材开采和运输奥秘的同时,更被它设计中蕴藏的与天文、地理数据的巧合而震惊:在以肉眼观星来测定方位的时代,胡夫金字塔底部四边几乎朝向正北、正南、正东、正西,且误差少于 1°;胡夫金字塔底角不是 60°,而是 51°51′;胡夫金字塔塔高与塔基周长之比正是地球半径与周长之比。

胡夫金字塔与狮身人面像

由于缺乏确切的史料记载,有关金字塔的许多谜团长期困扰着古埃及研究学者,关于胡夫金字塔设计者和建造者的"秘密"更是备受关注,甚至出现了许多大开"脑洞"的假设:有人认为 5000 年前的古埃及人不可能达到如此之高的科技水平,因此胡夫金字塔不是古埃及人建造的,而是出自更先进的"外星文明"之手;也有人认为胡夫金字塔是由失踪了的亚特兰蒂斯岛先民所造,他们曾在公元前 1 万年创造过辉煌的文明,在该岛突然沉于海底前,一部分科学家带着科技资料在埃及建立了科学中心,并将亚特兰蒂斯的科学成就隐藏于胡夫金字塔的种种"巧合"中;更有人说,古埃及人其实是由亚裔,或确切地说是由在古代来到埃及的中国人建造的,为了证明这个猜测,甚至有人将留存下来的古埃及法老雕像与中国历代名人的长相进行对比,试图以面部轮廓的"惊人相似"来证明这个说法。

当然这些都是人们的臆想,谜团的解答需要考古学家的验证。但不可否认的是,完成这样一项庞大的工程,不仅需要精巧的设计,更需要一定的人力和物力。所以长时间以来,人们对金字塔建造过程的印象,是成群的奴隶在监工皮鞭的驱赶下不分昼夜地辛勤工作,这些奴隶被榨干力量后最终可怜地死去。但如今,这一认知已被考古发现所推翻:金字塔并不是由大量"奴隶"建造而成,而是由一群有"身份"、有"组织"的人创造出的。

从1988年到2012年,来自美国古埃及研究协会的研究团队持续在吉萨高原东南部金字塔劳工居住地遗址进行研究,在2013年的世界考古论坛上,研究所的马克·莱纳做了题为"埃及吉萨金字塔城聚落考古"的专题演讲,介绍了考古队在吉萨高原东南角发掘金字塔劳工居住聚落遗址的研究成果。

研究团队在长期的发掘中找到了许多与金字塔建造劳工日常生活相关的建筑物:劳工们居住的长廊附近有露天面包房,为他们烘焙面包,而生产这些面包的粮食原料,则由国家负责供给,被存储在直径达2.5米的圆形筒仓内;在这里还有专门的畜栏以及疑似屠宰场的遗迹,通过对这里的动物遗骨等物质文化遗存进行微观考古学分析,研究人员发现金字塔的建造劳工们平时消耗大量的蛋白质类食物,且以牛肉、绵羊肉、山羊肉和鱼类为主,由此可见他们的生活并不是大众以前所认为的那样,"这些轮流工作的劳动者的营养状况比我们以往料想的要好"①。遗迹上的房子、作坊、畜栏、面包店和港口等组成了一个庞大的劳工居住区，由专门的行政管理中心和文官办公室管理。

当然，古代系统工程的建造确实需要一定的强制劳动，但在古埃及，这种劳动是由"剩余劳动力"完成的，这些建筑劳动者多从埃及各地征召而来，且大多是农民，当尼罗河泛滥季到来时，上埃及的农耕活动无法进行，因此，他们来到下埃及的金字塔建筑工地工作，农耕开始后会返家继续干农活。因此，这些金字塔建筑者拥有正常的家庭生活和社会生活，在建筑工程期间，他们由专门的建筑师、工程师、工匠及书吏等领导并进行分工协作。除此之外，若法老的军事远征取得成功，战俘会被收役为劳工以补充农耕时期缺失的劳动力，但随着时间的推移，这些曾经的战俘会被吸纳进古埃及的社会体系当中，从而形成一个特殊的阶级。②

招募、动员、组织建造金字塔的庞大劳动群体是一项系统工程，工地现场如何解决吃住更是考验管理者经验和水平的大问题。考古工作者发现，当时的建筑者聚集地就是一个社会，是一个有着居民保障机制、城市管理机制和社会运转机制的"城市"。在希罗多德到访埃及时，当时的祭司告诉他建造胡夫金字塔用了20年时间，希罗多德由此推算建造这一庞大的工程需要十多万工人。但根据现代埃及学学者推算，这个数字应当是1.5万左右。马克·莱纳称，建造胡夫大金字塔所需的人数达数万，这相当于美索不达米亚、印度河流域及北叙利亚最

---

① http://www.kaogu.cn/cn/xueshuhuodongzixun/2013nian_shijiekaogushangh/2013/1025/29922.html。

② 詹森·汤普森：《埃及史——从原初时代至当下》，郭子林译，商务印书馆2012年版，第34—39页。

早城市的人口总和。数万人在近 20 年的时间里生活在一起，一代又一代持续为一个宏伟的建筑付出时间和努力，若单纯依靠高压的"奴隶制"工程模式，这个政权是不可能持续千年而未被推翻的，因此，建造金字塔是集国家之智力、财力、物力和人力于一体的一项"事业"，是组织者、管理者和建造者们的职业理想、工作职责与统治阶级所需的有机结合。

金字塔的建造工程持续了千年，所有法老都希望为自己的灵魂建造一个完美、安静的安息地以获得永恒，但高耸于地面的金字塔太显眼，即使由坚固的巨石堆砌，甚至附以令人惧怕的法老诅咒，仍不能阻挡盗墓者的脚步。所以在新王国时期（公元前 1550 年—前 1069 年），古埃及的法老们不再为自己修建金字塔，他们更改了遗体埋葬形式，在底比斯地区（今卢克索）尼罗河西岸的巨大山谷中开凿岩窟，秘密修建地下陵寝，希望自己死后能避开疯狂的盗墓者的袭扰，于是这里形成了新的法老墓葬集中地——举世闻名的帝王谷。

帝王谷位于一个荒无人烟的石灰岩峡谷中，这条山谷背靠群山，绵延数百里且不易攀登，新王国时期图特摩斯一世（Thutmose Ⅰ）看中了这里不易被盗墓者发现的绝好地形，在这里打破了金字塔陵墓丧葬制度，建造了第一座地下法老陵寝。自此，古埃及第十七王朝到第二十王朝期间的 64 位法老及很多王室成员就安葬于在这些峭壁上开凿的墓室中。这里的帝王陵墓中，埋葬着包括图特摩斯三世（Thutmose Ⅲ）、阿蒙霍特普二世（Amenhotep Ⅱ）、塞提一世（Seti Ⅰ）、拉美西斯二世（Ramesses Ⅱ）等历史上著名的法老。同时这里还建有许多巨大的柱廊和神庙，是一处雄伟的墓葬群。

与金字塔墓葬形式不同，帝王谷中的法老们为了躲避盗墓者的侵扰，在较为陡峭的半山腰开始修建墓室的入口。进入长廊通道后,一般会有竖井和其他狭窄的通道错综相连,并经过殡葬大厅才能最终到达深埋于岩洞中的墓室。在这些长廊、殡葬大厅和法老墓室的墙壁及顶部,画满了众多神祇的精美画像及取自古埃及宗教典籍中的场景。这数十座陵墓各具特色,壁画主题各有侧重,装饰华丽精美,是古代埃及艺术的经典集成,借由这些壁画,考古学家们也得以更好地了解古埃及的宗教故事、神话传说以及古埃及人的社会生活状况。这些陵墓中,最大、壁画最为精致的是塞提一世之墓,其陵墓入口与墓室的水平距离为 210 米,垂直下降的距离达 45 米,巨大的岩石洞被挖成地下宫殿,墙壁和天花板布满装饰壁画,华丽程度令人惊叹,放置棺木的墓室里也放满了各类丧葬品,供法老来世使用。

今生无忧,来世无愁,奔流不息的尼罗河造就了古埃及辉煌灿烂的物质文明,更让古埃及人形成了独特的生死观念:生与死只不过是分处河两岸的世界,生与死的转换也是自然而灵活的。这样的生死观影响了古代埃及社会生活的方方面面,不仅催生了相关的建筑艺术、绘画艺术及文学作品,而且帮助稳固了古埃及的统治:一方面,法老借此"今生来世"思想管理人民、缓和矛盾,以巩固自己的统治;另一方面,在当时的自然及社会环境中,古埃及人民需要一种属于他们的生死观作为精神支柱,而这种影响至今依然存在。

"千年之恋"

从约公元前 2163 年到公元前 1069 年的 1000 余年间,古埃及共经历了 12 个王朝。这 12 个王朝的法老,各有个性,治国方式各有所长,古埃及历史上杰出的法老基本都出现在这一阶段。古埃及这 1000 余年的发展虽有波动、有低谷,但总体趋势向上,政治、经济、文化、军事水平飞速攀升,并在新王国时期达到顶峰。这1000余年间的成就如此之多,每个王朝都是一本厚厚的书,在等待现代人翻阅并发出惊叹;这1000余年的内容之丰富有趣,让后世无数的研究者"沉迷"其中,用毕生的精力研究它们的细节、讲述它们的故事。1000余年的"爱恋",要讲的故事太多,仅简述一些标志性的人物和事件,就足以让第一次读到的人深陷其中。

两面评价在人间——女法老哈特谢普苏特

在古埃及语中,"法老"是阳性单词,是男性专属头衔。但就在这个男性主导权力的世界,古埃及也出现了令人惊叹的女性掌权者。在早王朝时期,若法老去世时继承者年龄尚小,无法单独执政,那么法老的妻子会被承认为"摄政者"以帮助幼小的继承者治理国家,她们死后也会以法老的身份被安葬。大约公元前2184年,古王国的尼托凯尔悌(Nietkrety)成为古埃及历史上第一位女法老。① 虽然仅在位3年她的王朝就结束了,但她却开启了女性成为独立统治者的历史。"千年之恋"里第一个故事,讲述的是公元前1478年—前1458年在位的女法老哈特谢普苏特,她在位的20多年为当时的古埃及实现了和平和发展,她也成为古埃及历史上最有权势、最英明的法老之一,创造了古埃及女性法老真正的历史。

在古埃及,若非王室出身的男性,要继承王位,须娶前任法老的公主为妻以使其登基具有合法性,也就是说,普通男性可以通过与带有皇室血统的女子结婚而取得国家统治权,哈特谢普苏特的父亲图特摩斯一世就是通过此种形式获得了法老王位。图特摩斯一世出身称不上高贵,是法老阿蒙霍特普一世

---

① 詹森·汤普森:《埃及史——从原初时代至当下》,郭子林译,商务印书馆2012年版,第43页。

(Amenhotep Ⅰ)统治时期的军事首领,老法老去世时并未留下男性后裔,因此图特摩斯一世迎娶了雅赫摩斯(Ahmose)公主为妻,成为新一任法老。哈特谢普苏特是二人婚后唯一的嫡女,自小聪明伶俐,显现出一般女孩没有的果敢和坚强。图特摩斯一世将埃及在亚洲的边界推至幼发拉底河,成为古埃及新王国时期首位控制这一地区的法老,当时的古埃及也成为区域内最强大的国家。哈特谢普苏特从小对父亲的治国之道与政治权术耳濡目染,怀有建立一个更强大埃及的梦想。当父亲去世时,她的母亲未生下男性继承人,因此她同父异母的弟弟图特摩斯二世(ThutmoseⅡ)成为王位继承人,也成了她的丈夫。但她的弟弟兼丈夫继位后并没有大作为,仅13年后便因病去世。丈夫去世时,哈特谢普苏特与他仅育有一女,为了巩固家族皇权,哈特谢普苏特让丈夫与另一妃子庶出的年幼男孩与自己的女儿成婚,这个男孩成为图特摩斯三世,她则自然而然地以摄政王身份全权管理国家事务。

哈特谢普苏特掌权后立即恢复了被希克索斯人破坏的贸易通道,开通了埃及与庞特地区的国际贸易路线,为埃及带来了大量的香料和药材。除此之外,哈特谢普苏特开始推动埃及和周边国家的贸易,对外贸易的成功使埃及成为繁华富庶之国。哈特谢普苏特统治时期,古埃及的军事力量依然强大,还向东非的蓬特之地派出了一支以和平为目的的外交使团。这些经济、外交上的丰硕成果,为哈特谢普苏特赚取了相当的政治资本,同时,她不断对国内贵族集团示好,以巩固其对自己政权的支持,①在进行一系列转型措施铺路后,在担任摄政王的第

①　詹森·汤普森:《埃及史——从原初时代至当下》,郭子林译,商务印书馆2012年版,第67—68页。

7 年,哈特谢普苏特进入加冕法老王冠的最后时刻。她联合一些宗教领袖宣称,太阳神为了让他的后代降临人间统治埃及,化身为自己的父王图特摩斯一世,与雅赫摩斯王后生下了自己。接着,她开始佩戴男性法老的假胡须,身着男装,并且下令所有人用阳性词称呼她。自此,无论是形式还是实权上,哈特谢普苏特都成了一位真正的女法老。

哈特谢普苏特狮身人面像①

哈特谢普苏特除了杰出的政治、经济、外交成就外,因在位期间埃及国库富庶充裕,她还扩大了各类神庙的修建规模,很多新王国时期的雄伟建筑在这一时期出现。例如为祭祀太阳神而建造的卡纳克神庙是古埃及历史上最宏伟的神殿;她下令

———————

① 图片来源:大都会博物馆,哈特谢普苏特狮身人面像,https://www.metmuseum.org/zh/art/collection/search/544442。这尊戴着男性法老假胡须的哈特谢普苏特狮身人面像造于约公元前 1473—1458 年,哈特谢普苏特去世后,她的继子图特摩斯三世将这尊作品砸碎,连同德尔巴哈里神庙中哈特谢普苏特的其他雕像一起丢弃在采石场里。在 20 世纪 20 年代,大都会博物馆的考古发掘者找回雕像碎片并进行复原。

建造的四个方尖碑,其中之一为埃及现存最大的方尖碑;她在帝王谷建造的哈特谢普苏特神庙,是古埃及建筑史上罕见的三层式设计神殿。这些建筑工事将古埃及建筑工艺推上了新的台阶。

毫无疑问,哈特谢普苏特是古埃及新王国时期杰出的统治者之一。但无论在古代埃及还是古代中国,在人们普遍接受男性掌权的时代,女性领导者总会受到更多的争议,并且这种争议会一直延续下去。中国唯一一位女皇帝武则天如此,古埃及的哈特谢普苏特亦如此。有人说她们是"女强盗",也有人称她们为"女强人"。无论她们的登基过程是水到渠成的"接管",还是蓄势已久的"政变",我们都不能否认任何一位掌权者的真实功绩。武则天去世后留下一座无字碑,由后人评述自己的功过是非,但哈特谢普苏特功绩的消失则是被人为地抹杀:在她统治埃及 21 年后,她的王名圈被抹去,她的塑像、纪念物被销毁,她留下的印迹被人为抹除,直到 19 世纪才陆续被重新发现。关于将她的名字和故事从各类纪念物中抹去的过程,学界说法不一,更多的猜测倾向于与她的继子、当了 21 年"傀儡"法老的图特摩斯三世有关,有人认为他是为了向哈特谢普苏特复仇,也有人认为他是为了巩固自己的王位而消灭一切不利的因素。但不论如何,哈特谢普苏特依靠自己的才智为当时的埃及留下了一定的财富和文化积淀,也成了受到广泛称赞的女性政治者之一。

"传奇法老"——拉美西斯二世

哈特谢普苏特去世 200 年多后,古埃及历史上的"传奇法老"——拉美西斯二世在孟菲斯出生。拉美西斯二世也是古埃及新王国时期的一位法老。有人说,他统治期间的每一件事都非常惊人,不论作为伟大的领袖、勇猛的将领、杰出的建筑家还是富有感情的丈夫和父亲,他都做到了古埃及历史上的"最佳"。他的一生成为许多中西方艺术工作者灵感的源泉,成为很多文学作品、影视作品的素材,甚至在现代,很多小朋友第一次听到他的名字,是因为一款以他为主角的电子游戏。

拉美西斯二世的父亲是著名法老塞提一世,母亲杜雅(Tuya)出身于将门之家。塞提一世是一位卓越的军事家,他登基初期就派遣远征队分别到达西奈、东部沙漠和努比亚开采矿石,将获得的财富带回埃及,同时他带领军队保护了埃及的主要商道,对抗利比亚人的入侵,解决了新王国后期利比亚人给埃及带来的苦恼。同时,塞提一世在艺术和文化上也实现了诸多创新,在他统治时期,传统神庙的修缮及纪念性建筑的修建都体现了极高的艺术品位,浮雕的工艺质量及工艺设计后世无可企及。塞提一世和王后生有两男两女,但不幸的是他们的大儿子在很小的时候就夭折了,因此,拉美西斯二世自小就接受了"王位接班人"的系统培养。在这样一位骁勇善战又富有艺术品位的父亲的影响下,拉美西斯二世成长速度惊人。在父亲的带领下,他自小就在军队中跟随将领学习、积累经验,塞提一世还曾带着只有14岁的拉美西斯二世远赴沙场,迎战古埃及宿敌赫梯人,希望他日后能够成为一位不畏敌人、勇往直前的国王。同时,拉美西斯二世也参与了父亲统治时期的神庙修复工作,父子俩一起在阿瓦里斯主持建造了一座新宫殿。

法老塞提一世去世后,拉美西斯二世从父亲手中接过了权棒。虽然他继位时只有25岁,但他已经经历了至少10年的成年生活。多年的培养和训练,让此时的拉美西斯二世已有足够的沉淀,加上代代累积至父亲的国家基底,面对一个正在冉冉上升的埃及,拉美西斯二世从一开始就露出了鲜明的统治特点和雄心勃勃的统治目标——他要在各方面超越前辈的功绩,将埃及推向繁荣的顶峰,这集中体现在他基于军事手段的征服和为宗教及来世建造的神殿上。

长期以来,埃及人与赫梯王国(位于现代小亚细亚地区)的关系时缓时急,古埃及曾在叙利亚和迦南地区失去了许多重要的贸易中心。塞提一世虽重新夺回了叙利亚的部分失地,但并未持续很久又被赫梯人收回。拉美西斯二世登基后,立即展开军事行动,志在收回埃及被夺走的土地,确保贸易路线。他首先扫清北部海岸的贸易障碍,打击了盘踞于此的海上强盗——这些人被认为是赫梯人的盟友。之后他在尼罗河三角洲营建了新首都培-拉美西斯(Per-Ramesses),意为“拉美西斯的领地”①,以便更好地向北推进。这个新首都在拉美西斯二世统治时期是一个重要的中心城市,城内建筑精美,可与古城底比斯媲美,但它更像一个军事基地——这里有完备的军械库、军事马厩和训练场,法老带领将士们从这里向邻近地区发起战役。一些学者认为这个城市实际上是由塞提一世创立的,并且在那时已经开始建造,只是到拉美西斯二世时,这里已经发展成一个运作良好的军事中心。

为了赢得对赫梯人的胜利,拉美西斯二世在新首都组建了2万人的军队,分为4个军团开向卡迭什(今叙利亚大马士革东北),向赫梯人发起攻击。但他当时的对手赫梯国王穆瓦塔鲁也是一位年轻气盛的首领,双方摩拳擦掌,都想取得战争的胜利。在正式开战前的情报较量上,赫梯国王率先得悉了拉美西斯二世的进军路径,他在卡迭什郊外“送”上两名赫梯情报人员,拉美西斯二世因误信敌人送上的虚假情报落入了赫梯国王

① 温迪·克里斯坦森:《古代埃及帝国》,郭子林译,商务印书馆2015年版,第61页。

设下的陷阱,他率领的阿蒙军团在与对方的战役中几乎全军覆没,后在增援军团的协助下才扭转了战局,最终以惨重的伤亡为代价赢得了胜利。

但当拉美西斯二世回到埃及后,他却宣布自己领导的军队在此役中获得了巨大胜利,因为他的果敢勇猛和冷静的指挥,让埃及赢得了对抗赫梯的胜利。他之后多次对他指挥的战役用华丽浮夸的辞藻进行描绘,有人说这种基于一定史实的夸大表述成了他独特的个人风格。公元前 1259 年,为了建立及维持古埃及与赫梯的和平关系,拉美西斯二世和赫梯国王哈图西里三世(Hattusili Ⅲ)签订和平条约,正式结束了两国间近一个世纪的战争。埃及与赫梯的合约被认为是西亚已知最早的外交合约,这也是人类现存最古老的书面国际和约。

边界安定后,拉美西斯二世开始兴建大型项目,以纪念他一系列的军事胜利及其他成就。阿布·辛贝神庙、卡纳克神庙的修葺,阿比多斯的建筑群以及数百座其他建筑物和纪念碑等都是拉美西斯二世统治时期的杰作。许多古埃及历史学家认为,这一时期是古埃及艺术和文化的顶峰,特别是阿布·辛贝神庙,名义上是为太阳神修建,但拉美西斯二世却在神庙入口立下建了 4 座自己的巨大坐像,且每个石像高度超过 20 米。神庙大厅墙上的文字和精美浮雕,重现了拉美西斯二世征服努比亚的功绩及卡迭什战役中的激烈场面。在这些浮雕中,拉美西斯二世用夸张的身高比例来体现自己的伟大,例如这里有一幅描述卡迭什之战的著名浮雕:拉美西斯二世在战车上向四散而逃的赫梯人射箭。浮雕中拉美西斯二世身材之伟岸,在古埃及绘有法老的壁画中十分罕见。阿布·辛贝神庙的尽头是圣坛,供奉有 4 尊石质雕像,分别是拉-哈拉赫梯天空神、拉美西斯二世、太阳神阿蒙-拉①及冥界神普塔。每年的 2 月 21 日拉美西斯二世诞辰日及 10 月 21 日奠基日,清晨的第一缕阳光会从神庙大门口射入,阳光穿过 67 米深的廊厅,依次洒在除冥界神像外的 3 座石像上,金色的阳光让 3 座神像熠熠生辉。大约 20 分钟后,随着太阳升起,阳光撤出,所有的神像又回归平静。位于最左边的冥界之神永远处于黑暗之中,不会被阳光照射到。人们将奇观出现的两天称为"太阳节"。20 世纪 60 年代,为了避免神庙被即将修建的阿斯旺水坝淹没,来自世界 50 多个国家的考古学家和科学家将神庙整体上移 60 米,"太阳节"奇观也因此推迟了一天。这里每年都吸引着大批全球各地的游客在一年中的这两天前来,目睹这一奇迹。

拉美西斯二世被称为"传奇"法老,除了这些赫赫的历史功绩外,还因他是古埃及史上最长寿的法老。在人均寿命为 40 多岁的古埃及,拉美西斯二世统治王国 66 年,去世时已 90 多岁高龄。② 据记载,他的一生与 7 位妻子及众多嫔妃共育有近 90 个儿女,而他比其中 12 个儿子的寿命还长,他的第 13 个儿子莫尼普塔(Merenptah)登上法老之座时,已是 60 岁的老人。拉美西斯二世一生有很多妻子,但他最爱的是第一任妻子娜费尔塔里(Nefertari),尽管她很早就去世了,但她陵寝的装饰品依然华丽。娜费尔塔里去世后,拉美西斯二世又娶过其他妻子,但她似乎一直都在他的心里。在拉美西斯二世统治期间修

---

① 在古埃及宗教中,拉(Ra)是众神中至高无上的太阳神,是古王国时期以来的主神,但他可以与其他神结合以增强他们的力量。新王国时期,来自底比斯的地方神阿蒙(Amun)成为国家的主神,他与太阳神一起结合为阿蒙-拉(Amun-Ra)。而来自赫利奥波利斯城(Heliopolis)的创造之神阿图姆(Atum)也曾与拉神结合,成为拉-阿图姆(Ra-Atum)。

② https://www.ancient.eu/Ramesses_II/.

阿布·辛贝神庙门口的拉美西斯雕像

葺或新建的神庙墙壁上,有很多娜费尔塔里的形象出现。在阿布·辛贝神庙不远处,拉美西斯二世为掌管爱情和欢乐的女神哈索尔(Hathor)也修建了神庙,在神庙门口,矗立着拉美西斯二世与娜费尔塔里的石像,这两座石像高度相等,在古埃及艺术表现中极为罕见。① 在神庙内的壁画上,娜费尔塔里与拉美西斯二世一同平等地站在众神面前,见证心爱、勇敢的丈夫接受众神的褒奖。拉美西斯二世对妻子执着的爱恋成为流传至今的佳话。

　　拉美西斯二世巩固了国家的边界、增加了国家财富、扩大了贸易范围,有人评价他"好大喜功",虽然这不无道理,但他之所以能够在铭文和纪念碑上夸大自己的成就,是因为他有充分的理由感到自豪:他建造了新的伟大首都,恢复了多神崇拜,稳

————————

　　① 在古埃及壁画及雕塑艺术中,人的身高即表示这个人的社会地位。例如在一幅画像中,法老必然是最魁梧高大的,如果他的妻子一同出现,妻子的身高一般在法老腰线以下,而他的儿女则只有法老小腿的高度。

定了贸易通道,签订了西亚最早的和平条约,带来了古埃及最繁荣的时代,同时,他建造了众多举世无双的神庙和塑像,从这一时期起古埃及艺术家发明的阴刻浮雕法被广泛使用……后来的埃及人称他为"伟大的祖先",许多法老也会为自己取名拉美西斯,希冀这个名字为自己的统治带来好运。然而,后世始终无人能超越拉美西斯二世在古代埃及人心中的荣耀形象,只有他才是名副其实的"众神的宠儿"。

极盛后的衰败

拉美西斯二世的统治时期在古埃及历史上意味着昌盛、繁荣的顶峰,他去世后,古埃及的发展没有逃过"盛极必衰"的规律。在他的儿子莫尼普塔继位时,埃及已有叛乱迹象,而后利比亚入侵、努比亚叛乱和美索不达米亚难民的不断涌入,让这位 60 岁才继位的法老疲惫不堪,统治愈显艰难。此后的法老们也在不断抵御入侵者和处理国内混乱中艰难维护统治,最终,在拉美西斯二世去世 25 年后,第十九王朝在一片混乱中结束,古埃及帝国的终结也开始了。

从第二十王朝起,古埃及国内割据势力和边境冲突加剧,国家的贸易活动急剧萎缩,贵族和王室的收入急剧下降。为了从变小的蛋糕中尽可能分得更多的利益,古埃及贵族间的矛盾加剧,然而,在此情形下,大型建筑工程依然没有停歇,最终内战爆发,原本统一的国家开始上演军阀割据、立地为王的场景。在第二十三王朝,上下埃及分裂。① 这大大削弱了古埃及的军事力量,周边邻国力量再次伺机入侵埃及,埃及陷入了"被征服—建立自己王朝—被征服—再建立自己王朝"的循环中。从

---

① 温迪·克里斯坦森:《古代埃及帝国》,郭子林译,商务印书馆2015 年版,第 63—69 页。

第二十五王朝起,努比亚人、亚述人、波斯人相继入侵埃及,古埃及人在这些侵略的间隙也曾短暂恢复自己的统治,但这些侵略国不限于侵占古埃及领土,它们也借埃及的土地,与虎视眈眈的其他外国势力相抗衡,埃及不时成为外族争霸的战场。公元前525年,第二十六王朝被波斯国王冈比西斯二世(Cambyses Ⅱ)率领的大军击溃,埃及在接下来长达120年的时间里被波斯人统治。在后世的描述中,冈比西斯二世是个性情暴虐的君王,据说他毁坏神庙,嘲笑众神。幸而他统治埃及仅3年。此后,温和宽容的波斯新国王大流士一世(Darius Ⅰ)登基,他尊重古埃及人的宗教崇拜,鼓励修缮和重建宗教神庙,并且重视古埃及经济的发展,完成了尼罗河与红海之间运河的修建。但是,作为一个以独立国家身份存在近五千年的古老国度,"埃及人始终非常不愿意成为其他人的帝国的一部分"①。在波斯人统治期间,埃及不断爆发起义,希望重新获得独立,但都遭到了历任波斯国王的镇压。公元前404年,埃及人终于推翻了波斯人的统治,重获67年短暂的独立。在这来之不易的时间里,古埃及统治者努力恢复被摧毁的宗教、文化及传统价值观,努力修缮被毁坏的神庙,特别是第三十王朝法老奈克塔内波二世(Nectanebo Ⅱ),在其19年短暂的统治生涯里,对一百多座神庙进行了修复,推动了古埃及宗教文化的传承和保护。但是,在周遭国家纷纷崛起的时期,埃及独特优越的地理位置注定是各方争抢的"香饽饽"。公元前343年,奈克塔内波二世最终没能抵挡住波斯的再次入侵,埃及再次成为波斯帝国的一部分。从此时起,埃及开始了长达2000年的异民族统治

---

①　温迪·克里斯坦森:《古代埃及帝国》,郭子林译,商务印书馆2015年版,第74页。

历史。自那时起到 1953 年穆罕默德·纳吉布（Mohamed Naguib）成为埃及共和国的第一任总统,奈克塔内波二世是最后一个统治埃及的本土人。

权力轮转中的重生

公元前343年波斯再次征服埃及后,开始对埃及采取前所未有的高压治理。埃及人痛恨波斯人在过去几百年反复的侵略统治,因此,当马其顿人亚历山大大帝率军征服击败波斯帝国来到埃及时,"埃及人将其视作救世主而热烈欢迎他"①。

公元前356年,亚历山大大帝出生于马其顿王国首都佩拉,13岁时,他的父亲菲利普二世(Philip Ⅱ)邀请哲学家亚里士多德来辅导他,因此亚历山大大帝深受古希腊文化的影响。公元前332年,当亚历山大大帝抵达埃及后,他遵循古埃及的宗教和文化传统:先来到锡瓦绿洲的神庙拜访太阳神祭司,使自己被认可为埃及合法的新法老,随后在孟菲斯正式加冕。亚历山大大帝一边表示对古埃及宗教的尊重、修复神庙,一边以共同的社会和经济事务统一被征服地的思想。他在埃及短短的6个月期间,依照希腊模式,改变了埃及的财政、税收和官僚制度,更重要的是,他希望在地中海建立一个商业港口,于是新城亚历山大出现了,这里变成了埃及新的首都,开始深刻地影响埃及的发展进程。

希腊化的印迹

公元前323年,亚历山大大帝病逝,他的儿时同伴兼最信

---

① 詹森·汤普森:《埃及史——从原初时代至当下》,郭子林译,商务印书馆2012年版,第97页。

任的将领——马其顿人托勒密,成了埃及的实际掌权者。公元前305年,托勒密正式加冕为托勒密一世,开启了其家族统治埃及的历史,托勒密王朝也成为第一个统治埃及的外族王朝。

托勒密王朝支持并维护古埃及的传统宗教体系,通过提高祭司的特权待遇,得到埃及祭司团体的支持,巩固自己的统治。同时,托勒密王朝沿用了古埃及对统治者的称谓和加冕习俗,称国王为法老,并模仿古埃及王室巩固权力的做法:通过王室内通婚来加强统治的纯粹性。而在实际的国家治理中,托勒密王朝则延续了亚历山大大帝的思路:用希腊化的管理模式再造埃及。托勒密一世将首都从孟菲斯迁至亚历山大,希腊化的亚历山大逐渐发展为当时世界上最大的城市,从而引起了埃及发展方向的彻底改变。①

为促进商业贸易的发展,托勒密王朝修改了税收制度以实现国家收入的最大化,同时规范私人商业活动,制定外国货币在埃及本土的兑换比率,并对外币兑换市场进行监督。这些制度措施推动了埃及经济的迅速发展,广泛地连接了埃及与外部世界,亚历山大成为东地中海最大、最重要的城市,也成为连接埃及与世界的港口。著名的古代奇迹之一——亚历山大灯塔就是亚历山大城贸易繁荣的最直接证明。这座高耸的灯塔在夜间烧起熊熊火光,守塔人用镜子将火光反射到远处的海面上,便于进港的商船顺利到岸。亚历山大城不断吸引环地中海地区和其他地区的人来此游览、经商,甚至居住,大量的希腊人开始定居在埃及,希腊文化、古埃及文化及世界其他移民文化在这里交融、共生,亚历山大成为当时最"国际化"的城市。

---

① 詹森·汤普森:《埃及史——从原初时代至当下》,郭子林译,商务印书馆2012年版,第102页。

　　但托勒密王朝并不满足于商业的辉煌,作为深受希腊文明影响的掌权者,托勒密一世致力于将亚历山大城变为希腊化世界的文化中心。从托勒密一世开始,托勒密王朝统治者们广泛吸纳人才,将他们邀请至亚历山大教书、研究,或者担任政府职员。为了吸引学者们来到亚历山大,托勒密王朝在这里建立了博物馆和亚历山大图书馆,为科学家和学者们创造了一流的研究环境。数学家欧几里得、阿基米德,精确计算出地球周长并提出太阳中心论的科学家埃拉托色尼,古代伟大的内科医学家普拉克撒哥拉斯,历史学家马涅托等,都曾在亚历山大的博物馆讲学研究,而当时建起的亚历山大图书馆更是古代规模最大、藏书量最多的图书馆。希腊人、埃及人、犹太人在这里一起将搜集来的各类著作分类编纂,早期基督徒、多神教徒和犹太教徒在这里一起进行文本的翻译传播。

　　托勒密时期的埃及,不同文化在这里汇聚,在生活方式上,希腊人和埃及人也相互影响。但在政治统治体系中,除了接纳"法老"称号,马其顿人并不允许埃及人进入如国家核心管理层、正规军管理部门等关键的政治、军事机构。因此,这一时期埃及各民族阶层和社会地位划分很明显:马其顿人是统治者,"人上人"希腊人主要担任中央级管理部门的职位,埃及人作为人口构成主体却排名其次,其中埃及贵族阶层担任地区级别的行政管理职位或军事职务,大多数普通埃及人则是工匠、小商人和农民。这种明显的地位划分,在欣欣向荣的王朝初期并未显露其危害,但当一个世纪的繁荣过后,自托勒密四世时起,托勒密王朝统治下的埃及也开始逐渐露出危机。托勒密四世登基时接过的是一个傲视邻国的富有家业,但未经历过"创业"辛苦的他并不会"守业"。他整日沉溺奢靡生活而懒于国事,使得国家大权被一些大臣瓜分掌控,加之埃及士兵长期对自己遭受的不平等待遇心有不满,军中爆发了一些叛乱,上埃及甚至出现了割据政权。①更危险的是,从那时起,托勒密王室中的权力争斗日益复杂和恶化,"故事情节涉及了阴谋的仆人、腐败的官员、奸诈的顾问和相互陷害的兄弟姐妹"②。

托勒密王朝中后期的国内危机让统治者们疲于应对,周边的势力开始逐渐崛起,特别是罗马人,不断利用托勒密王朝的混乱攫取利益。起初埃及丢掉了一些领土、军事基地,但日益强大的罗马人并不满足于此,他们开始涉入埃及的统治事务。王朝后期,埃及王位的争夺者甚至需用国家利益换取罗马政治家的支持,才能"顺利"地登上法老的宝座,法老们的君主头衔成为从罗马人手中花高价才能买回的交易品,罗马已经成为埃及的实际操控者,特别是托勒密王朝最后一个统治者克里奥帕特拉七世(Cleopatra Ⅶ)在位期间,她的登基和统治都离不开当时的罗马统治者恺撒大帝和马克·安东尼(Marcus Antonius)的先后支持,但至少至此,埃及仍然是一个形式上完整的国家。公元前 30 年,安东尼在与屋大维·奥古斯都(Octavius Augustus)的争权战争中失败,克里奥帕特拉七世被囚禁后自杀。随后,新的罗马皇帝屋大维将埃及并为罗马帝国的行省,埃及自此很长一段时间不再以国家形式独立存在。

基督教的胜利

古埃及时期,埃及人崇拜的神达两千多位,这些男神、女神分散在埃及境内各地,可能掌管一个地区的事务,也可能"法

---

① 詹森·汤普森:《埃及史——从原初时代至当下》,郭子林译,商务印书馆 2012 年版,第 111 页。

② 温迪·克里斯坦森:《古代埃及帝国》,郭子林译,商务印书馆 2015 年版,第 77 页。

力"有效范围不超过一个村庄。这些大大小小的神"掌管"了古
埃及人生活中的一切——古埃及人对于宇宙、世界和生活琐事
的理解,都与这些神的故事和传说相挂钩,大到人的生死轮回,
小到植物开花结果,即使这些故事在一些根源性问题的解释上
有分歧也无甚要紧,因为古埃及人对宗教没有"唯一性"的概
念,甚至很多时候会出现"母凭子贵"的现象——当一个地区发
展为重镇,这里的神也会变成重要的神,当一个人成为新的法
老,他所崇拜的主神也会变成国家的主神,这也是为什么在古
埃及壁画中能看到那么多"太阳神"的原因。①

　　在近五千年的时间里,古埃及宗教一直为多神崇拜,在第十八
王朝时期,阿蒙霍特普四世曾进行过短暂的宗教改革,将埃及强制
转为一神教,②但在他去世后,后继法老又恢复了对太阳神的崇拜。
这次宗教变革后,多神教体系一直稳固地存在于埃及社会,即使在

————————

　　①　　这种现象,除前文提到太阳神拉(Ra)曾与新王国时期底比斯地
方神阿蒙(Amun)结合,成为阿蒙-拉(Amun-Ra)神外,赫利奥波利斯城
(Heliopolis)的创造之神阿图姆(Atum)也曾与拉神结合,成为阿图姆-拉
(Atum-Ra)神。

　　②　　因宗教在古埃及重要的政治和社会地位,宗教祭司阶层在埃及政
治、社会生活中也享有重要地位,甚至可以决定法老的合法性,因此,古埃及统
治者们一直疲于平衡统治权力与这个团体的势力。阿蒙霍特普四世决定打
破原有祭司阶层的力量,进行宗教改革。他否定了当时对阿蒙-拉神的崇拜,
用一个比神更强大的自然力——阿吞(Aton,意为四射的太阳光芒)来取代过
去的传统神,并且规定阿吞为全国唯一可以崇拜的神。为了彻底进行此次宗
教改革,他将自己的名字改为埃赫那吞,意为"为阿吞有效地行动",将阿蒙神
庙的财产强制转交给阿吞神庙,并在底比斯与孟菲斯之间建起新的首都埃赫
塔吞,意为"阿吞的地平线"。但阿蒙霍特普四世去世后,后续法老们重新恢复
了对阿蒙-拉神的崇拜。阿蒙霍特普四世进行的此次宗教改革,是埃及历史上
第一次宗教变革,也是人类历史上有记载的第一次宗教改革。Dodson,
Aidan. *Amarna Sunrise*: *Egypt from Golden Age to Age of Heresy*. Cairo;
New York City: American University in Cairo Press,2016,p. 135—146.

古埃及帝国消亡后,也曾长期与其他思想体系和谐并存。托勒密王朝统治时期,古埃及多神教体系和古希腊哲学体系在埃及共生,托勒密王朝统治者虽然自封为法老,也修葺神庙,但他们在政治治理和文化发展中采用了古希腊思想,这种两个甚至多个思想体系并行的模式一直到罗马统治初期都没发生过冲突,直到一个新的宗教——基督教在埃及发展起来。

"浴火"中的"新生"

很多人对埃及与基督教渊源的印象来自圣经故事"出埃及记",直到今天,很多广为人知的影视作品也以此为主题,最著名的是 1998 年的动画片《埃及王子》和 2014 年的电影《出埃及记》。虽然在这些作品中,拉美西斯二世一直被描述为无情奴役犹太人的统治者,是导致摩西毅然带领同伴出走埃及的冷酷法老,但事实上,并没有证据表明拉美西斯二世统治期间埃及城市有大规模犹太劳工外流,埃及历史上的其他任何城市也未曾出现过大规模劳工外流。摩西在埃及西奈山接受神谕"十诫"的故事让西奈山成为基督教徒的圣地之一,因此,基督教产生初期,一些基督教徒来到埃及亚历山大城,在这个当时地中海最大、最繁华的城市传教、发展。

罗马人在统治埃及的前 3 个世纪,延续和保留了很多托勒密王朝治下的制度和传统:罗马传统的元老院和城镇议事会等制度都未曾进入埃及,亚历山大依然是重要的商业城市,且其重要性更加显著;亚历山大城的文化地位进一步加强,此时期的天文学、哲学及医学著作和思想成就在很长时间内指导了欧洲各领域的发展;社会公民依然按照民族划分,只是此时罗马人成为最上等公民,但希腊人仍在社会和具体事务中扮演着重要的角色。这些传统和政策的延续有助于维持埃及的稳定和发展,因此,埃及的宗教状况也并未产生决定性变化。但是此时的埃及毕竟已不是独立的国家,这里对于罗马帝国最大的意义和价值在于"奉献"。托勒密王朝后期,埃及已经变成罗马的"粮仓"加"钱包",待埃及成为罗马帝国行省后,罗马统治者也进行了一些改革,但不同于心疼自己家业的托勒密王朝的统治者们,罗马人在这里的改革是为了让埃及成为更大的"粮仓"和更易于剥取的"钱包"——产自埃及土地上的粮食不断地被运往罗马,而返回给这片土地的是越来越苛沉的税务。一味索取让这片土地和土地上的人都越来越"贫瘠",公元 2 世纪起,埃及各地的起义再次不断兴起,边境受侵扰的次数越来越多,埃及陷入了持续的混乱中。3 世纪初,罗马皇帝君士坦丁将罗马帝国的重心转向东方,将君士坦丁堡设为罗马帝国新的中心城市,自此,亚历山大城的地位也被取代了。

埃及多年努力的产出未能换来新的繁荣,反而变成一片逐渐疏于保养、接近枯竭的土地,埃及人无法再从原有的宗教制度中获得慰藉,平民阶层的痛苦无助让这里成为新兴宗教的重要成长地,很多宗教体系开始在埃及出现且迅速发展:源自古埃及的伊西斯宗教等神秘主义宗教、新柏拉图主义、始于波斯帝国的摩尼教,以及早期基督教的一些流派分支,都在当时的埃及找到了一定数量的信徒。这样一个宗教纷杂的时期,各宗教对信徒的吸引力决定了它们的成长速度,而基督教因拥有很多"天生"的传播优势,最终在埃及扎下根。

首先,基督教中很多对今生来世的描绘与古埃及人的宗教思想很接近,特别是圣母与圣子的故事被认为是古埃及伊西斯与荷鲁斯神话的"复现"①。更重要的是,基督教中普通信徒间

---

① 早期基督教艺术家描绘圣母玛利亚哺育婴儿耶稣的画面时,是直接从伊西斯哺育荷鲁斯的异教描绘中复制过来的,化身为神之子的法老等同于起同样作用的基督。

的平等相称让人们获得了在现实的混乱生活中难以获得的信任感和认同感,因此,当时埃及大量的底层人民转而信奉基督教。罗马统治者对基督教徒人数的迅速增长十分不安,开始用残酷的手段打压信徒。然而,不断增强的信徒力量支持基督教走过了"少数教派"和"异教"的艰难阶段,公元 4 世纪初,罗马帝国皇帝君士坦丁皈依基督教,彻底结束了罗马帝国对基督徒的迫害,承认基督徒拥有信仰自由。此后基督教开始在埃及迅速发展,古埃及人修建的神庙被改为教堂或者修院,各地也建起新的教堂。至公元 4 世纪末,基督教成为在埃及占主导地位的宗教,到 5 世纪末,非基督教徒已成为埃及的少数人口。

公元 1 至 6 世纪基督教在埃及的发展,是基督教早期发展的重要阶段。初期前往亚历山大城的基督教徒建立了第一批问答学校,在一次次的神学辩论中,形成了基督教早期很多的正统思想,《圣经·新约》的第一批书卷也源自埃及,这些都为以后基督教在世界范围内的传播奠定了一定基础。同时,基督教的一个重要分支——亚历山大科普特正教会也在这一时期形成。

孤独又骄傲的倔强

科普特是中文对英文单词"Copt"的音译,关于这个词的来源,人们普遍认为这个词源自古希腊人对埃及的称呼,因此,希腊人最初用"科普特"这个词泛指所有的埃及人。在希腊化时期,马其顿人和希腊人统治下的古埃及人就是"科普特人"。基督教诞生后,圣马可(Saint Mark)成为第一个被派往埃及的门徒,在埃及创建了亚历山大城的第一个教会,①公元 180 年左

① 　优西比乌:《教会史》,梅尔英译、评注,翟旭彤译,生活·读书·新知三联书店 2009 年版,第 82 页。

右,潘泰努斯(Pantaenus)建立了亚历山大教理学校并讲授基督教教义和神学理论。通过历任校长的努力,亚历山大教理学校聚集了当时一批最伟大的神学家和思想家,他们不断将基督教神学与古希腊哲学理论融合,丰富了基督教的神学理论,吸引了很多人皈依基督教。① 因此,以希腊人所称的"科普特人"为主体的亚历山大科普特正教会②在埃及得到了极大发展,是基督教早期的主要教会之一。

在公元451年的基督教第四次大公会议上,各教会对基督的本性展开争论,其他教会界定了"基督的神人二性",唯有亚历山大教会孤独地持有"基督一性论"立场,专制的罗马皇帝和罗马教皇将当时的亚历山大教会牧首流放,并派新牧首前往埃及"改造"这些将"一性论"的埃及基督徒。罗马教皇粗暴干涉宗教的做法遭到当时绝大多数埃及基督徒的反抗,他们坚持"一性论"信仰,《圣经》被翻译成科普特语③,新的宗教著作、宗教活动用语也都使用科普特语,科普特语成为亚历山大教会的宗教语言。自此,亚历山大教会成为埃及的主要宗教。从这一时期至公元7世纪阿拉伯人进入埃及前,也被称为"科普特埃

---

① 彭超:《埃及科普特人研究》,郑州大学硕士论文,2017年,第17页。

② 亚历山大科普特正教会又称为科普特教会,下文简称"亚历山大教会"。

③ 罗马统治初期,古埃及语、希腊语和拉丁语同时在埃及使用。拉丁语使用最少,仅用于专门的行政事务,而由于托勒密帝国长达几个世纪的统治,希腊语成为行政、文化交流和商业用语。埃及本土居民仍然讲古埃及语,但此时能够阅读和书写古埃及语的人已经很少,古埃及语仅作为口头用语广泛存在。为了更好地传教,一些能够读写希腊语的传教士开始使用科普特语,即以希腊字母为基础加入7个新字母形成的完整表达古埃及语的新的语言系统,这也是当时埃及平民阶层普遍使用的语言。具体可参考詹森·汤普森:《埃及史——从原初时代至当下》,郭子林译,商务印书馆2012年版,第149—150页。

及"时期。

作为基督教古老的教派之一,亚历山大科普特教会至今仍遵守着古老的教会教义。在亚历山大教会中,最高的神职人员是亚历山大大主教,大主教和其他各教区的主教必须从教义问答学校毕业,并一同组成科普特神圣委员会,共同处理教会教区事务。当大主教去世后,神圣委员会会从各教区主教中选出几位候选者,写有他们名字的字条会被放置于一个透明的罐子里。在最终的仪式上,神职人员会将选出的男性幼童用白布蒙上双眼带至罐子前,由幼童抽取字条。科普特人相信,孩子纯净的心灵最能真实感受到上帝的旨意,因此,这个男童抽出的人就是上帝授意的新任领袖。或许这个孩子的手,才是真正的"上帝之手"。

阿拉伯—伊斯兰文化

公元 4 世纪基督教各派别关于基督本性的争论,实则是不同教会对大主教地位的争夺。原本埃及的基督徒就对罗马人用君士坦丁堡取代亚历山大成为政治中心的做法不满,加之第四次大公会议后,君士坦丁堡的教会阶级获得了帝国更多的支持,其大主教的地位也被推至亚历山大大主教之上,这使埃及人更加不满。此后,为迫使埃及科普特人接受帝国"正统教义",统治者从宗教统治、谷物和税收征集方面频繁对埃及施压。7 世纪初期,在压迫和不断的反抗中,埃及暴乱和流血事件频发,罗马人在埃及遭到前所未有的憎恨。

阿拉伯人的早期征服

虽然此时东罗马帝国陷入混乱,但其与波斯帝国的对抗一直未曾停歇。因其重要的战略位置和丰富的粮食供应,埃及一直是双方争夺的要地之一,在公元 7 世纪初期双方的争夺中,埃及行省也屡换控制者。但总体来看,因与罗马人有新仇,埃及人对波斯人的再次到来并不反感,似乎此时能帮助他们摆脱罗马的人,都是可支持的。但罗马和波斯多年的争斗严重消耗了双方的力量,此时,另一个新兴宗教——伊斯兰教在阿拉伯半岛兴起,阿拉伯部落依靠宗教的统一凝聚成一股前所未有的强大力量,开始向外大规模出征。阿拉伯大军向北先后夺取了东罗马帝国和波斯帝国占领下的土地,公元 639 年,阿拉伯军队从叙利亚南下,进入埃及。形散无力的埃及地方军队完全不是阿拉伯人的对手,加之埃及人对罗马人的宗教迫害心怀不满,因此,阿拉伯人得以在 2 年时间里迅速拿下埃及。从此埃及变为阿拉伯人统治下的一个行省,又一次的大融合在这里开始了。

阿拉伯大军进入埃及后,并没有将亚历山大城作为埃及的行政中心,当时的阿拉伯军队将领阿慕尔·本·阿绥(Amr ibn al-As)在现今开罗南部新建了一个伊斯兰化的新首都——福斯塔特(Fustat)。军队最早在这里有序地驻扎,随后阿拉伯人在这里建成了非洲大陆上第一座清真寺——阿慕尔·本·阿绥清真寺,并以此为中心,环绕它建起了各类建筑,逐渐形成了新的都城。自此,伊斯兰教正式进入尼罗河流域,福斯塔特开始成为埃及伊斯兰文明及伊斯兰教早期发展的承载地。虽然建设这个城市的初衷是将其作为阿拉伯人在北非远征的军事基地,但这里凭借迅速建起的大型清真寺和日益发展的商业贸易,成为北非最繁华的城市。至公元 10 世纪,福斯塔特成为伊斯兰艺术和陶瓷品的主要生产中心,是世界上最富有的城市之一。

这种"硬件"上的伊斯兰化并不足以说明埃及与伊斯兰文化的融合,这一时期促使埃及伊斯兰化的"软性条件"是阿拉伯帝国拿下埃及后在这里施行的政策。阿拉伯帝国在迅速扩张至西亚、北非的大片土地后，如何有效管理成为哈里发需要首先解决的问题。阿拉伯帝国扩张初期的哈里发欧麦尔·伊本·哈塔卜(Umar ibn al-Khattab)在攻下埃及和叙利亚后，基本沿袭了东罗马帝国的财政及其他政治管理制度，且在攻占埃及最初的几年里，埃及基督徒仍然在政府管理领域发挥重要作用。但在税收和社会地位上，穆斯林和非穆斯林有较大区别：当时阿拉伯帝国社会地位最高的是信仰伊斯兰教的阿拉伯人；被征服土地上的非阿拉伯人可继续操持旧业、信仰原有宗教，但若改信伊斯兰教，他就无须缴纳一切贡税，①但其社会地位仍排在阿拉伯人之后；若非阿拉伯人不愿改变原有信仰，但愿意接受穆斯林的统治，则不必服兵役，但必须缴纳重税。在这条律法的影响下，一些埃及的基督徒因为不堪苛税而逐渐转向伊斯兰教。起初这个转换是缓慢的，但到公元 8 世纪，大量的阿拉伯人开始迁入埃及，紧接着帝国开始向基督教教堂和修道院征税，各种针对基督教徒的禁忌法律开始严格执行，"接踵而至的残酷镇压迫使成批的基督徒为了逃避暴力而皈依伊斯兰教"②。自此，基督教变成了少数宗教，埃及人的宗教开始伊斯兰化。

"胜利者"的胜利

伊斯兰化下的埃及，是早期伊斯兰教派争据的见证者。公元 7 世纪伊斯兰教产生后，宗教内部的教派分歧开始逐渐显

---

① 改信伊斯兰教的非阿拉伯人，其社会地位仍在阿拉伯人之后。参见菲利浦·希提：《阿拉伯通史(上)》(第十版)，马坚译，新世界出版社 2015 年版，第 155 页。

② 詹森·汤普森：《埃及史——从原初时代至当下》，郭子林译，商务印书馆 2012 年版，第 169 页。

现,因逊尼派和什叶派对四大哈里发的继承顺序有分歧,公元909 年,一群什叶派伊斯玛仪派教徒从叙利亚来到突尼斯,独自建立了一个国家,被称为法蒂玛王朝,并于公元969 年从当时的阿拉伯帝国手中"夺下"埃及,希望以埃及为基地对抗哈里发帝国。法蒂玛王朝统治者征服埃及后,首先在福斯塔特北部建立了新的都城,取名开罗,意为"胜利者",后开罗扩张将旧都福斯塔特并入,并在公元12 世纪初正式成为埃及的行政首府。

依靠埃及地处三大洲交界处的优势,法蒂玛王朝掌控了地中海沿岸国家与印度及东亚地区的贸易,埃及的经济实力大增。此时期的开罗城内商贾往来,贸易繁荣,最好的艺术品、建筑都存于此,历史上曾用"金珠灿烂,令人眼花缭乱"①来形容当时埃及人的富有。

经济的繁荣极大地推动了伊斯兰文化的发展。在此时期,开罗修建了许多清真寺,各式宣礼塔高高矗立在城市各处,开罗由此被称为"千塔之城",而这其中,建设时间最早也最重要的是爱资哈尔清真寺。公元971 年前后,爱资哈尔清真寺在开罗完工,并于公元988 年成立了伊斯兰学校,统治者派人从各地搜集各学科书籍,用重金聘请知名学者前往爱资哈尔进行研究并为从各地招收的学生授课。如此大力的文化和学术投入让爱资哈尔大学的师生开拓出一个崭新的伊斯兰文化时代,这一时期的著名宗教学者雅尔孤卜·吉里斯本撰写的《伊斯兰教法》成为法蒂玛王朝的正式法典,"十一二世纪,埃及法学家、圣训学家、经注学家、历史学家的著作,没有不以这部法典为主要依据的"②。开罗的爱资哈尔大学自此成为伊斯兰世界的文化

---

① 转引自纳忠:《阿拉伯通史》,商务印书馆2015 年版,第55 页。
② 纳忠:《阿拉伯通史》,商务印书馆2015 年版,第62—63 页。

重地,此时期的埃及,从基督教文化重地转为伊斯兰文明中心,随后埃及的语言体系也彻底改变了。托勒密时期埃及的官方语言为希腊语,但埃及人依然使用古埃及语;在罗马帝国统治下,基督教发展壮大,古希腊语和代表埃及文化传承的科普特语同时存在;阿拉伯人进入埃及以后,阿拉伯语开始逐渐取代埃及原有的语言体系。公元706年,阿拉伯帝国哈里发下令用阿拉伯语替代希腊语成为埃及行省的官方语言,但此时希腊语仍为学术文化语言,大多数埃及民众日常仍说科普特语。至法蒂玛王朝时期,伊斯兰教在埃及占据统治地位,伊斯兰文化成为埃及的主要文化,阿拉伯语不仅成为学术文化交流时使用的语言,更取代了科普特语成为大众通用语。但仍有一部分科普特人保留了信仰。起初教会仍然用科普特语进行传教,但随着阿拉伯语对人们生活影响的深入,很多科普特人已经无法使用科普特语,为了维持教会发展,后期的教会历史开始用阿拉伯语撰写并传播。科普特语仅在偏远地区少数的教堂和修道院进行宗教活动时使用。自此,埃及的各个领域都打上了伊斯兰文化的烙印。

公元7至10世纪是埃及在阿拉伯人统治下又一次经历宗教改革、文化转变的重要时期,伊斯兰教及伊斯兰文化对这片土地的影响延续至今。今天,若人们去卢克索参观卢克索神庙,会发现在景区门口矗立着一座清真寺,在神庙的太阳神祭拜神殿里,仍保留有罗马人在这里创作的壁画,而一个房间的顶部则留有早期基督徒活动的痕迹——圣母玛利亚的画像。在这样一座古埃及人献给太阳神的建筑上,3种宗教留下的印迹"违和"又"合理"地存在着,默默地向参观者讲述这片土地上那些"融合"的故事。

英勇的坚守者

在埃及发展的历史上，优越的地理位置是埃及繁荣的基础。但有盛亦有衰，特别是在时代交替之际，这里的"外患"从没停止过。虽然埃及一直在被融合，但也最终成了所有人的国，当埃及一次次陷入新的战争时，守卫它的人不分来路。

公元11世纪初期，法蒂玛王朝在经过大繁荣后走入衰败，边境被入侵的"人祸"时有发生。而就在王朝摇摇欲坠之时，天灾加剧了王朝的衰败。公元1054—1061年，尼罗河河水连年枯竭，连续7年的饥荒，致使农业、税收损失惨重，而饥荒过后的瘟疫灾情更使埃及雪上加霜。内忧尚未解去，外患接踵而至。公元1095年，罗马教皇乌尔班二世（Urban Ⅱ）在克莱蒙特会议上号召欧洲的基督徒向东进发，收复圣地耶路撒冷。虽然十字军东征的相关各方——罗马的教皇、西欧的骑士、南欧的商人和底层加入者各有心思、各怀目的，但大家都知道，要想这场战争有所收获，占领埃及是前进路上重要的一环。因此，在接下来近300年穆斯林对抗十字军的过程中，埃及始终处在对战的前线，是伊斯兰世界抵抗欧洲人入侵的前沿重地。但埃及始终没有彻底倒下，在这场穆斯林与基督徒的对抗中，埃及领袖与埃及人民在苦难中坚守，赢得了东西方的尊重。这其中最著名的将领是萨拉丁·本·阿尤布（Salah ad-Din ibn Ayyub）。

萨拉丁是一个库尔德人，他生在伊拉克，长在大马士革，他的父亲是一名军人，叔叔是军事指挥官。在叔叔的教导下，年轻的萨拉丁积累了军事经验，在来到埃及前，就曾参与过对十字军的伏击战。在埃及陷入混乱、法蒂玛王朝整治无力时，萨拉丁带军击退了南部的苏丹人，并领导军队抵抗这一时期进犯埃及的十字军,因而获得了民众的广泛拥戴。公元 1171 年,萨拉丁推翻法蒂玛王朝,宣布效忠阿拉伯帝国哈里发,成为埃及实际意义上的统治者,随后又宣布埃及独立,建立阿尤布王朝。公元 1187 年,萨拉丁带领军队收复了被十字军占领近百年的圣城耶路撒冷。但不同于欧洲人当年获胜后的大开杀戒,萨拉丁允许当时耶路撒冷城内的基督徒逃走。随后,他顺势收复叙利亚大片领土,这引发了罗马教皇的恐慌,于是十字军的第 3 次东征开始了。十字军第 3 次东征时,萨拉丁的实际对手是英国国王查理一世①,双方对峙 3 年仍未能分出胜负,最终双方签订了一个为期 3 年的和平协议,认同穆斯林对耶路撒冷的管理权,将基督教会所有物归还基督教会并允许基督徒通过特别通道前往"圣地"朝圣。萨拉丁因其军事才干及人道主义精神被誉为"真正有骑士精神的人",赢得了东西方共同的赞扬。中世纪后的一些西方文学作品里也在不断重复他的精神,在这些作品中,萨拉丁像是一位"十九世纪的现代欧洲自由绅士,但中世纪的西方人却总是表现得很差"②。

　　萨拉丁去世后,抗击十字军的行动仍然在继续。这段时间是埃及人的伤痛。连年的战争迫使很多农民抛弃土地、背井离乡,曾经富饶的土地被闲置,曾经繁华的城镇被烧毁。埃及人

---

① 始于公元 1189 年的第 3 次十字军东征,原本的主要领导者是德国皇帝腓特烈一世、英国国王查理一世和法国国王菲利普二世。但腓特烈皇帝在小亚细亚渡河时被淹身亡,而英国和法国国王常有分歧,争吵不断,在一同攻占阿克里后,菲利普二世再次与查理一世发生激烈争吵,并返回法国,仅留下英国国王查理一世与萨拉丁对战。

② 这是英国著名十字军史学家赖利·史密斯对 19 世纪小说《护身符》中萨拉丁形象做出的评价,《护身符》是英国小说家沃尔特·斯科特第二本基于十字军历史的作品,其中对萨拉丁的描写被认为是现代西方认识萨拉丁的主要文本之一。

渴望胜利,渴望安稳。在抗击十字军的过程中,一个特殊的群体逐渐成长壮大,并最终主导了埃及历史上又一个特点鲜明的时期——马穆鲁克王朝时期。

这个特殊的群体——马穆鲁克意为"被拥有的人",他们是来自土耳其的奴隶战士。早期这些人在西亚奴隶市场上被低价出售,埃及阿尤布王朝的很多封建领主是他们的大买主。埃及封建领主们起初依靠这些忠诚、善战的"奴隶军团"欺压人民,在尝到利益的甜头后对这些奴隶士兵大加赏赐,马穆鲁克逐渐形成一个金字塔式的权力链条,势力不可小觑。在第 7 次十字军东征时,马穆鲁克军团成为埃及对抗欧洲人的主要力量,几乎掌控了埃及军队。最终在公元 1250 年推翻了他们原本的"主人"——阿尤布王朝统治者,建立了新的王朝——马穆鲁克王朝。

马穆鲁克王朝建立后,因这个统治阶层特殊的发展历程,王朝建立起体系完备、制度严谨的军队和公共安全组织,特别是马穆鲁克军团始终保持严格的军事训练,随时准备迎战外敌。13 世纪初,伊斯兰世界还未从欧洲十字军的威胁中脱身,来自亚洲的蒙古军团又横扫而来。当时蒙古大军所到之处一片狼藉,大量居民被屠杀,文化财富被损毁,城池要地被踏平。公元 1258 年,蒙古人占领了巴格达,随后大马士革也沦陷了,埃及成为蒙古人的新目标。当时的蒙古首领旭烈兀向马穆鲁克统治者发出最后通牒,但马穆鲁克王朝用斩杀蒙古特使示众的方式给蒙古人以回应。双方开战后,马穆鲁克王朝获得胜利,并将蒙古人赶出叙利亚,解除了蒙古铁骑对埃及的威胁。

马穆鲁克王朝顽强地抵挡住了十字军和蒙古人的进攻,却最终没能抵御黑死病带来的毁灭性打击。公元 14 世纪的瘟疫夺去了包括很多马穆鲁克王朝在内的大批埃及人的生命。国家劳力缺失,税收锐减,严重摧毁了王朝的经济基础。而 15 世纪葡萄牙人的地理大发现开辟了环非洲海上航线,又令埃及连接地中海与红海的重要性下降,相关贸易收入也大受影响。在马穆鲁克王朝岌岌可危之时,土耳其人建立的奥斯曼土耳其帝国征服东欧并占领了拜占庭帝国首都君士坦丁堡,取代曾经的阿拉伯帝国,成为新时期强大的伊斯兰帝国。随后土耳其人转向埃及,并于公元 1517 年拿下埃及,从此埃及又成为土耳其人治下的一个行省。

有人对马穆鲁克统治拥有古老文明的埃及不甚理解,但身份本就不能定义一个人的一生,更不能否定几代人的努力。虽然我们不能忽略马穆鲁克王朝在商贸、文化和科学领域取得的成绩,但他们最大的贡献仍是在 13 世纪"伊斯兰教腹背受敌"的时期①,抵御住了十字军和蒙古人对埃及的多次进攻,将这一时期战争对埃及人民及埃及文化的负面影响降低。这个王朝是埃及在那个时代最好的选择,这个王朝的英勇将士是其对埃及最大的贡献。

---

① 菲利浦·希提:《阿拉伯通史(上)》(第十版),马坚译,新世界出版社 2015 年版,第 444 页。

民族独立之路

　　从托勒密王朝时期到 19 世纪,埃及土地上的统治者换了一批又一批,不同的民族、文化在这片土地上不断留下印记。埃及很多时候以相对"独立"的身份属于不同民族的统治下,"从属""被征服者"的角色阻碍了埃及人在古埃及帝国消亡后统一民族身份的形成。但至奥斯曼帝国时期,这个情况有所改变。

民族意识的萌发

　　奥斯曼土耳其帝国统治时期,埃及的发展和奥斯曼帝国史无法清晰地分割,但如罗马帝国时期一样,埃及也得到了土耳其统治者的"特别"待遇,即在帝国的政治框架内保有一定的独立性。占领埃及后,聪明的土耳其人认识到对埃及的管理需要特殊对待,因此,并没有将强压给其他被征服地的管理模式运用在埃及,而是在埃及设立帝国统治者的代管人——土耳其总督(帕夏),很多埃及马穆鲁克的后裔及未参与对抗奥斯曼帝国的埃及马穆鲁克人被重新整编入行政和军队体系,担任土耳其帕夏下属的各类职位。因此,马穆鲁克王朝虽败,但埃及的马穆鲁克未亡,在土耳其人统治时期,新马穆鲁克重新成为埃及重要的权利掌管者,马穆鲁克架空帕夏的事情时有发生。但从另一个角度来说,这个制度帮助埃及在奥斯曼土耳其帝国中保留了一定的自治权。

　　或许因为宗教上的亲近感,或许因为带有土耳其血统的马穆鲁克在埃及已积累良好的治理基础,埃及人对土耳其统治者起初未有激烈排斥。在土耳其人治下的数百年间,土耳其人始终没有如前任外族统治者一样,在人数上"占领"过埃及,但土耳其文化的方方面面却深深地植入了埃及人的生活,①因此,土耳其人在埃及一直有很强的优越感。而奥斯曼帝国派往埃及的帕夏只注重从埃及百姓身上收利,当埃及各地的马穆鲁克争权夺利时,帕夏无意也无力调停,只坐收渔人之利,②这些都导致埃及人对马穆鲁克、帕夏的不满与日俱增。作为前一王朝的统治者,马穆鲁克也对过往念念不忘,且经过十几代人的生活,他们对自己"埃及人"身份的认同也已超过了对血统的认同,土耳其统治者、马穆鲁克和埃及人民之间的矛盾日益凸显。

　　此时的欧洲,英国强势崛起,在与法国的较量中多次胜出。于是法国统治者拿破仑将目光转向埃及,意欲通过控制埃及夺取英国在地中海的贸易,并以此为基地远征印度。拿破仑假借帮助土耳其消除马穆鲁克势力、帮助埃及人走出残暴统治的口号掩盖自己的野心,于公元1798年率军远征埃及,埃及人虽奋起抵抗,但仍无法抵挡法国人铁枪大炮的攻势,两个月后,拿破仑控制了埃及。夺下埃及后的法国人马上显露出真面目,法国军队在开罗城内打砸抢掠,强迫商人和普通百姓纳款捐粮。在

---

　　①　自奥斯曼土耳其帝国时期起,大量土耳其词汇进入埃及的阿拉伯语口语中,土耳其语的发音也一定程度影响了埃及人的阿拉伯语口音,成为今天埃及口语的重要组成。土耳其奥斯曼建筑风格也影响了埃及,特别是开罗的清真寺风格,从那时期开始,土耳其人在建筑设计和功能使用上的理念也深深影响了埃及,按伊斯坦布尔传统建立的清真寺及其他公共建筑也逐渐出现在开罗。

　　②　菲利普·希提:《阿拉伯通史(下)》(第十版),马坚译,新世界出版社2015年版,第659页。

拿破仑占领埃及的 3 年里,开罗人民多次起义反抗法国人的暴行。虽然埃及在奥斯曼帝国治下享有很高的自治权,但毕竟仍是帝国的行省,可土耳其人并未采取有效的行动帮助埃及反抗法军暴行。3 年里,埃及人民的起义屡遭惨烈失败,在不断的反侵略斗争中,埃及人民的民族意识增强了,"伊斯兰教意识"不再掌控埃及人的思维,他们开始逐渐意识到:"推翻一切外来的统治者,不管他是否伊斯兰教徒;铲除一切残暴的人,埃及人民才能安生,不管他们是否伊斯兰教徒。"①于是,埃及人民的"埃及"民族意识开始出现。

现代化进程与欧洲人的阴谋

法国人占领埃及后,奥斯曼帝国虽不甘心,但也无力收复。此时英国人为了挽回失去地中海贸易控制权的损失,向土耳其人提议,由英国出兵,帮助奥斯曼帝国收回埃及。1801 年,英国"帮助"土耳其赶走法国人后,埃及名义上再次回到奥斯曼土耳其帝国的版图里,但英军并无意撤离埃及,仍驻扎在地中海沿岸。英国人在埃及的"野心"暴露后,埃及人又开始了对抗英军的运动,并取得了一定的胜利,英军暂时撤离了埃及。此时,奥斯曼土耳其军队分遣队司令、阿尔巴尼亚人穆罕默德·阿里联络开罗的宗教领袖,"请缨"担任埃及的新一任帕夏。虽然奥斯曼帝国对打破由土耳其人担任被征服地帕夏的传统很不乐意,但也无能为力,最终于 1805 年任命穆罕默德·阿里为埃及帕夏。

穆罕默德·阿里上任后,先设"鸿门宴"除去马穆鲁克势力

---

① 纳忠:《阿拉伯通史》,商务印书馆 2015 年版,第 443 页。

对自己的威胁①，他对欧洲的了解欲望极强，开始用欧洲的现代化技术和产业，完成自己建立一个强大埃及的愿望。他首先通过调整税收结构、引进商业性农产品等途径，将埃及的农业和农产品市场化，从而带来了一定的外汇。为了建立一个现代化埃及，穆罕默德·阿里广纳人才，邀请工业、市政、军事及医学等领域的欧洲技术人员前往埃及，许以管理岗位和技术要职。在向西看的过程中，埃及的工业化体系初步建立，但穆罕默德·阿里并不愿核心层面一直被欧洲人掌控，因此，将大批埃及学生公派至欧洲，特别是前往法国学习科技及专业知识，以便将现代化思路和技术带回埃及。为了支持科技的长久发展，穆罕默德·阿里在埃及开办新式学校，特别是技术学校，提高埃及的劳动力素质，同时加大对高等教育的投入。穆罕默德·阿里统治时期，埃及的现代科学体系初现，大批从欧洲学成归国的埃及人在政府支持下创立研究机构或高校，这为埃及日后在文化、科技上傲视阿拉伯世界奠定了基础。

穆罕默德家族治下的埃及是开放包容的，他们渴望通过欧洲先进的思想和制度将埃及建设为一个强大的独立国家。但随着各类现代化工程竞相开展，埃及的收入无法支撑工程所需资金，原本就对埃及虎视眈眈的欧洲各国开始以提供金融贷款的方式，将触手再次伸向埃及。从 19 世纪中叶开始，债务扼住了穆罕默德家族后继统治者的咽喉，成为埃及发展面临的巨大

---

① 公元 1811 年 3 月 1 日，穆罕默德·阿里设宴庆祝儿子远征获胜，宴会邀请了包括马穆鲁克领袖埃米尔在内的近五百位开罗要员。穆罕默德·阿里事先将射击手埋伏在城堡出口，马穆鲁克领袖在宴会结束后离开时，被伏兵围困射死。此后穆罕默德开始在开罗捕杀其余马穆鲁克，并令其追杀逃至上埃及的马穆鲁克。自此，埃及的马穆鲁克势力大受打击，穆罕默德·阿里成为埃及真正的掌权者。

问题。特别是苏伊士运河的修建消耗了其大量的人力和财力，运河通航后的收入都被用于向欧洲人还贷。到 19 世纪 70 年代，埃及需将 1/3 的收入用于归还外债。1876 年，埃及破产，其主要债务国英国和法国，迫使埃及同意通过组建由英国、法国、意大利和奥地利构成的欧洲委员会来管理埃及债务。这个委员会以处理埃及债务之名，通过监督债务插手埃及的国家收入和政府管理，逐渐通过经济手段控制了整个埃及。在埃及一步步沦陷的过程中，作为埃及名义上的所有国，奥斯曼土耳其帝国的统治者仍未有任何行动。1879 年，英国人迫使土耳其人废黜了时任埃及总督的伊斯梅尔，1882 年，英国通过军事行动占领埃及，埃及虽名义上仍是奥斯曼土耳其帝国的一个行省，实则成为英国的殖民地。

艰难的民族解放之路

借"收债"的理由，英国开始对埃及进行极端地压榨和控制：英国"顾问"们充斥着从伊斯坦布尔到开罗的各级政府部门；英国军队驻扎在亚历山大及苏伊士，城市公共安全也掌控在英国人手中；英国人虽在埃及新修了水利工程，但这是为了提高埃及的农业收入以便"收债"，且农业快速的收益让英国人尝到了甜头，他们只重视发展与其收益直接相关的领域，而压制投入资金相对较高的制造业。更危险的是，英国控制埃及在教育领域的财政预算，限制学校对埃及人的教育——普通学生的知识和技能足够应付生产需求即可。同时，大学及研究机构的投入受到严格管控，因为英国人"害怕它会变成民族主义的中心"①。极端的控制必然引起剧烈反抗,从 19 世纪末开始,埃及人不断进行规模或大或小的民族起义,从那时起,埃及涌现出大量的民族主义人士,为埃及的独立寻找出路。此时的埃及人心中已有一个清晰明确的民族观念:埃及是埃及人的埃及。

1914 年第一次世界大战爆发后,土耳其向英国宣战,原本苦于无法"独享"埃及的英国立即宣布土耳其对埃及的宗主权结束,英国成为埃及的"保护国",但同时英国向埃及人承诺,战争结束后埃及可以脱离英国成为独立国家。埃及人民在"一战"中被迫成为军人、劳工,为英国在西亚、西欧战场的胜利付出了惨重的代价。但战争结束后,英国人却违背了诺言,拒绝埃及独立。1919 年,埃及社会各阶层合力抗英,爆发了反抗英国殖民的民族独立运动,学生罢课、工人罢工、商人罢市,其他行业的埃及人也宣布停工,开罗、亚历山大爆发了激烈的对抗。虽然此次起义受到镇压,但埃及的民族解放运动没有停止,埃及人民在 1921 年底再次起义,并不惜以损毁埃及农业、基础设施和工厂的方式进行抗争,告诉英国埃及人民独立的决心。1922 年,鉴于严重恶化的局势,英国政府有条件地同意了埃及的"独立"②,并"帮助"埃及成立了议会,制定了宪法,使埃及成为一个君主立宪制国家。

埃及看似"独立",但埃及人民并没有从痛苦中解脱,特别是第一次世界大战结束后,资本主义世界受到经济危机的冲

---

①　詹森·汤普森:《埃及史——从原初时代至当下》,郭子林译,商务印书馆 2012 年版,第 261 页。

②　英国允许埃及独立的同时,在埃及保留了四点特权:继续防守苏伊士运河;帮助埃及抵抗外来侵略;保护埃及境内外外国侨民及其财产安全;继续管理苏丹的事务。这四点特权标志着英国其实只给予埃及名义上的"独立",其在埃及的军事、政治特别是经济领域依然握有掌控权。

击,埃及国内经济状况也急剧恶化,战后埃及的生存更显艰难。1939 年第二次世界大战爆发后,埃及再次成为战争的主战场。①连年的战火让埃及人民再也无法忍受英国及其掌控下的傀儡国王,以工人、学生为主的反抗运动再次爆发。1949 年,埃及军队中年轻的中下级军官秘密成立"自由军官组织",在埃及军队中迅速扩张,并于 1952 年发动政变,废黜了当时的埃及国王法鲁克。从此,埃及军队正式走上埃及的政治舞台,军队力量在此后埃及多次政治转折时期扮演了重要的角色。1953 年 6 月 18 日,埃及宣布成立阿拉伯埃及共和国,至此,埃及人民终于从英国长达 100 多年的殖民统治中解放,在历经近 2000 年的外族统治后,走上建设独立国家的道路,埃及人的埃及民族意识前所未有地被加强,埃及从此在阿拉伯国家和中东地区树立起自己独特的民族旗帜。

---

① 根据 1936 年埃及与英国签订的《英埃同盟条约》,埃及在战时需将领土交与英国,作为其"战时基地",因此,埃及是第二次世界大战北非战场以英国为首的盟军与轴心国交战的主战场。

传承与新生

共和国建立后,埃及凭借深厚的宗教、文化积淀,以及阿拉伯国家对抗西方殖民者的领军者身份,成为阿拉伯国家中重要的政治力量。这种力量随着后续几代总统取得的成绩不断增强,即使在 20 世纪后期海湾国家凭借石油财富得到迅速发展后,埃及在中东政治和文化生活中的分量也依然受人关注。

每位英雄都有遗憾

1954 年底,出身于"自由军官组织"的贾麦尔·阿卜杜尔·纳赛尔(Gamal Abdel Nasser)担任埃及总统,这是一位有着极强民族自豪感和自尊心的埃及领袖,他对内排斥传统政治势力,对外强调埃及的国家利益。1955 年他参加了在印尼举行的万隆会议,这里成为纳赛尔施展外交能力的舞台,随后纳赛尔宣布将苏伊士运河国有化,并顶住了英、法、以三国试图夺回运河的压力,这标志着埃及民族革命的最后胜利。纳赛尔开始成为埃及国家独立和民族尊严的象征。当时正值第三世界国家民族解放浪潮兴起,各阿拉伯国家相继反抗殖民、寻求独立的时期,纳赛尔通过声援和支持阿拉伯各国人民的反殖民主义、反帝国主义斗争,赢得了阿拉伯世界的广泛拥戴。当时的埃及政府成立了埃及第一广播电台,面向其他阿拉伯国家播放纳赛尔的政治理念、直播纳赛尔在各种场合的演讲,这个广播台成为传播纳赛尔思想、埃及政治理念的窗口。1956 年,埃及宪法宣布埃及人民是阿拉伯民族的组成部分,纳赛尔提倡通过阿拉伯世界的广泛政治联合,共同反抗外国势力,纳赛尔主义从埃及民族主义转化成阿拉伯民族主义,成为泛阿拉伯思潮的一个重要组成部分,纳赛尔成了阿拉伯世界的政治领袖,埃及一度成为阿拉伯世界的"领导者"。

此后纳赛尔通过埃及与叙利亚合并、1962年也门冲突和1967年第三次中东战争,用实践推动了纳赛尔主义。虽然这些实践有成功、有失败,纳赛尔主义也从单纯的民族主义扩展为带有地区霸权主义倾向的运动,①但它多少为埃及恢复经济、政治实力提供了时间和基础,促进了阿拉伯世界民族解放运动的发展和成功,为埃及在日后纷杂的中东国际事务中具有政治话语权打下了坚实的基础。但纳赛尔亲近苏联而与西方对立,甚至"煽动"阿拉伯其他国家与西方对立,让苏联的宿敌美国很不满。雪上加霜的是,纳赛尔将埃及各经济领域国有化的措施并没有改善埃及的经济情况,反而增加了政府对国有企业的补贴金额,使之成了国家经济的拖累。当以美国为首的西方国家从经济上对埃及进行联合抵制后,埃及的经济状况更加恶化,大量的埃及人前往其他国家寻求生路,形成了埃及庞大的海外务工群体,虽然从那时起,"侨汇"成为埃及重要的经济来源之一,但这是埃及经济状况不佳的直接反映。在纳赛尔政府执政后期,埃及在政治上仍有号召力,但掩饰不了埃及国内经济的颓势和纳赛尔内心的不甘。1970年,纳赛尔因心脏病去世,将一个留有政治遗憾的国家留给了继任者。

纳赛尔的接任者穆罕默德·安瓦尔·萨达特(Mohamed

---

①　哈全安:《纳赛尔主义与埃及的现代化》,《世界历史》2002年第2期,第54—62页。

Anwar Sadat）是一位极具个人风格的政治家，他是"自由军官组织"最早的成员之一。不熟悉伊斯兰教的人在第一次看到他的照片时，或许会注意到他额头上那块深色的"疤"。很多虔诚的穆斯林严格遵守每日礼拜的时间，每次跪拜也都会虔诚地把头贴在礼拜毯上，时间久了，额头触地处的皮肤会变黑，有的人甚至会磨出黑色的茧。因此，当这位虔诚的穆斯林总统上台后，宗教保守派很开心，也有一些世俗主义者表示很担心，一时间人们似乎失去了对埃及走向的判断，因为萨达特在纳赛尔时期并未表露出太多的个人风格。接任埃及总统后，萨达特总体上延续了纳赛尔的政策，使埃及依然走在泛阿拉伯主义的道路上，但当稳固总统地位后，他就开始去纳赛尔化的工作，曾经无处不在的纳赛尔头像、纳赛尔语录和纳赛尔雕像在逐渐减少，萨达特允许部分不同声音的出现，埃及的政治不再始终围绕"革命"或"主义"。萨达特在逐步弱化纳赛尔社会主义倾向的同时，于 1972 年下令驱逐纳赛尔政府时期广泛存在于埃及政府中的俄罗斯人，并逐渐增多与美国的接触，其外交倾向开始显露。

在 1967 年第三次中东战争中，埃及与以色列较量的失败始终让纳赛尔无法释怀，也给当时的埃及人民带来了一定的情感冲击。萨达特上台后，虽多次提到要用军事手段抗击以色列占领埃及西奈地区的行为，但鉴于之前的失利，人们对萨达特的这些言论并没有过多关注。然而萨达特在 1973 年 10 月 6 日毫无征兆地向以色列发起攻击，并在第一天就把控了苏伊士运河东岸 10 公里范围内的西奈土地。战争爆发初期，正在寻求中东利益抓手的美国并没有明确表态，也没有提供明确的解决方法，直到 10 月底才和苏联一起迫使战争双方接受停火协议。在埃及人看来，埃及在"十月战争"中取得了胜利，因此，萨达特和凯旋的士兵得到了称赞和欢迎,10 月 6 日也成为埃及一个重要的国家节日。此次对抗虽然让埃及夺回了部分土地,但以色列的力量并未完全从西奈撤出。当 1977 年 11 月萨达特在国会致辞中称要亲自前往以色列进行谈判时,埃及人再一次被他的决定"征服"。同年,萨达特前往以色列,并在以色列议会中发表演讲,向以色列各政治党派清晰地传达了自己的立场,再一次凭借外交成就成了埃及的英雄。

萨达特的特拉维夫之行引起了美国的注意,为了推动双方的谈判进程,当时的美国总统吉米·卡特(Jimmy Carter)邀请萨达特与以色列总理贝京前往美国戴维营,共同商议中东和平问题。经过一周多的较量,埃及和以色列达成协议,以色列同意从西奈撤军;埃及允许以色列船只自由通过苏伊士运河;两国建立正式的外交关系。戴维营之行后,埃及成为第一个与以色列建交的阿拉伯国家,这让萨达特成为阿拉伯国家一致谴责的对象,但国际社会则对《戴维营协定》的签订给予极大的认可。不同于国外对萨达特的广泛称颂,萨达特回到埃及后,一些埃及人认为他是叛徒。为了控制和引导民众的情绪,萨达特采用较为严厉的控制手段对议会、新闻业甚至宗教界进行干涉。萨达特政权后期,政府与民众的矛盾冲突在各方面凸显,人们似乎已经不再认为他是一个会考虑埃及人民感受的总统。1981 年,萨达特在参加第 8 个"十月战争"纪念日的阅兵活动时,被藏于受阅队伍中的伊斯兰极端分子枪杀,其中一个暗杀者说:"我杀了法老。"①

萨达特在埃及中东政治格局中留下的功过是非仍需要时

---

① 詹森·汤普森:《埃及史——从原初时代至当下》,郭子林译,商务印书馆 2012 年版,第 335 页。

间去评判,但无论后世的埃及人民以何种心情谈论他,他在面临事关埃及未来走向的选择时,果断地为埃及留下了一定的外交选择空间——埃及的选择不再是非"苏"即"美"。同时,萨达特也把埃及从阿拉伯世界"革命引导者"的角色压力中解脱出来,为后来的领导人全面推动国家发展提供了一个较为宽松的社会氛围。

三十年与十八天

萨达特意外离世后,依照宪法,当时的埃及副总统穆罕默德·胡斯尼·穆巴拉克(Muhammed Hosni Mubarak)成为继任总统。相较于前两位总统,穆巴拉克虽出身军人,但作为年轻一代,他并没有深入参与过开国团队"自由军官组织"的活动,没有如纳赛尔和萨达特一样带有天然的政治魅力。但穆巴拉克在其早期的军队生涯中勇敢果断,因在"十月战争"中表现突出,受到了萨达特的赏识,被任命为空军元帅,随后于1975年被任命为副总统。[①]担任副总统职位初期,穆巴拉克的笑容里少了份做军人时的锐利,在多次出访活动中,人们更容易感受到他的微笑和耐心,但聚光灯外,他的勤勉、敬业没有一丝减少,他始终处于学习和积累的状态。当萨达特去世后,他成为新一任总统时,这些积累给了他一定的信心。

和前任总统一样,穆巴拉克上台后延续、发展了上一任总统萨达特的一些政策。埃及和美国的关系更加密切,美国开始向埃及提供大额的军事和财政援助,开罗在美国中东政策中的作用日益提升。埃及与以色列的关系虽然没有进一步的改善,

---

① 詹森·汤普森:《埃及史——从原初时代至当下》,郭子林译,商务印书馆2012年版,第340页。

但埃及作为第一个与以色列建立联系的阿拉伯国家,为有意与以色列建立交往的其他阿拉伯国家提供了一个很好的样板,穆巴拉克执政时期,其他的阿拉伯国家也开始与以色列建立各种联系。但穆巴拉克面临的最大外交考验是如何重新树立埃及在萨达特时期在阿拉伯兄弟国中丢掉的威望。因此,在初上任的十年里,穆巴拉克频繁与其他阿拉伯国家进行外交互动,重新建立与他们的外交关系。经过近十年的努力,埃及重新被接纳为阿拉伯联盟成员,1990年,阿盟总部也终于重返开罗。

穆巴拉克在对外恢复埃及政治影响力的同时,也重视恢复国内经济。在穆巴拉克接管埃及时,外债问题依然困扰埃及政府。虽然美国在20世纪90年代免除了埃及的部分债务,但由于埃及没有建立起完善的工业体系,其经济对西方经济的依赖性越来越强,很多时候国家经济收入完全由世界市场的状况决定。同时,埃及人口增长速度惊人,人口膨胀对埃及政府发展经济、保障人民生活利益提出了更多的要求。为了应对更加严峻的经济和社会形势,穆巴拉克开始从财政、货币金融、投资等方面改革埃及经济,最重要的是,埃及开始改革国有企业,并在吸引外资和鼓励私营经济方面出台了优惠政策。穆巴拉克时期,为了鼓励投资、改善埃及的营商法律环境,埃及相继出台一系列政策法规以健全投资市场。2000年以后,这些措施取得了一定的成绩,埃及国民生产总值快速增长,埃及也在当时被评为新千年非洲大陆最具活力的经济体之一。但原本"羞涩"的基底在更高的人口增长率,特别是年轻人的人口增长比率面前依然显得苍白,埃及青年人的失业问题始终是政府面临的棘手问题。穆巴拉克执政的后十年,埃及私有化进程不断加快,但与利益相关集团高调掘利形成鲜明对比的,是埃及国的内日渐加大的贫富差距。红红火火的经济数值越来越难掩盖人们对现实生活的不满情绪,底层人民糟糕的收入状况导致了焦躁的社会情绪,民众对经济改革能带来更好福利的希望逐渐消失,2010 年底发生在突尼斯的革命,同时也点燃了埃及人的抗议情绪。

2010 年 12 月,因长期以来对国内失业率高、物价上涨以及政府腐败的不满,突尼斯年轻人掀起了抗议政府的浪潮。[①] 突尼斯革命发生初期,一些阿拉伯国家民众以网络声援或集会游行等形式支持突尼斯青年的抗议,其中,处于同样社会状况的埃及青年反应最为强烈。埃及民众不再压抑对经济、贫富差距等的不满,急切地希望通过与突尼斯一样的"革命"赶走穆巴拉克。2011 年 1 月 25 日是埃及的"警察节",一些埃及青年号召民众在这一天集中上街游行,以表达对政府的不满。当日的游行很快变成全国性暴力活动,恶势力混在表达诉求的人民中间,呼喊声与恶性安全事件搅混在一起,埃及警察很快便无力掌控局面。埃及的其他政治力量原本就对穆巴拉克 5 次连任总统颇有微词,但一直"苦于"无法提出一个可信任、有能力的政治人物名正言顺地取代穆巴拉克,这次的"革命"恰好给了他们机会。从"1·25"革命爆发到穆巴拉克宣布辞去总统职务的18 天里,很多政治党派没有站在穆巴拉克一边,军方态度模糊,美国人也向所谓的"人民意志"发出示好的暧昧信息,穆巴拉克

---

① 突尼斯革命爆发于 2010 年 12 月 17 日,导火索是突尼斯西迪布赛义德市的执法警察以无证经营为由,没收了该市 26 岁青年穆罕默德·布瓦吉吉的蔬果推车,穆罕默德向政府申诉未果后购买汽油,在该市警察局门前自焚。当日自焚照片通过网络迅速传播,引发当地民众游行。冲突起初发生在当地抗议者与安全力量之间,随后蔓延至突尼斯各地,形成全国范围的大规模社会骚乱,酿成重大人员伤亡。由于局势日益恶化和外部施压,2011 年 1 月 14 日,突尼斯国王本·阿里放弃统治权,流亡国外。

失去了政治盟友的支持。2011 年 2 月 11 日,在成为埃及总统的第 30 年,穆巴拉克宣布辞去总统职务。

在最后的全国电视演讲中,穆巴拉克的声音始终从容有力,特别是当他坚定地说出"历史会评判我的功绩"时,年长的埃及人纷纷落泪。穆巴拉克辞去总统职务后没有选择离开埃及,在后续政府决定对他进行羁押审判时,他也平静地出现在法庭上。穆巴拉克是穆罕默德·阿里后治理埃及时间最长的领导人,而他与埃及人民始终面临的债务压力,也是源自穆罕默德·阿里时期西方资本对埃及的侵略。的确,穆巴拉克没能带领埃及走出西方经济的裹挟,没能建立起较为系统、完整的民族工业体系,他治下的最后十年也是最有争议的十年。但一个不争的事实是,穆巴拉克的治理给埃及经济提供了一个探索的方向和反思样本,只是,对于一个在全球化快速发展时期接手埃及的领导人来说,外面的世界发展太快,当世界因网络的发展变得越来越透明时,过去一百年间被侵略者们刻意滞后的埃及工业,需要以几倍的速度发展才能显得不那么缓慢,但这并不符合经济规律,也超过了那个时代的埃及领导人解决历史积压问题的能力。

穆巴拉克辞职后,曾经被他打压的埃及穆斯林兄弟会(简称穆兄会)重获自由,在相关势力的帮助下,2012 年 6 月,穆兄会成员穆罕默德·穆尔西(Mohammed Morsi)正式宣誓就任总统,成为穆巴拉克之后通过"选举"上台的首位民选总统。或许是民众期望太高,日常能源特别是电力能源内供不足、教育领域加强"伊斯兰化"、百日执政计划未能完全实现等矛盾和问题,使他遭到埃及国内外的一致批评。穆尔西执政后虽然始终"忙碌",但现实与其誓言的巨大差距,使得"让穆尔西下台"的呼声渐起。为缓解经济压力,穆尔西试图再次以出售苏伊士运河股权的形式,获得卡塔尔的金融支持。苏伊士运河在埃及人民心中有无可替代的意义,在从开凿到最终收归国有的100多年时间里,无数的埃及人民为建造运河、守护运河、收回运河付出了鲜血和生命,在埃及人真正收回它50多年后,穆尔西却又意图将它出售给别国。这个消息被爆出后,极大地伤害了埃及人民的民族感情,反抗穆尔西的活动零星开始,最终埃及青年人又一次在网上发起号召,希望人们在2013年6月30日穆尔西执政一周年之时,正式发起"二次革命",要求穆尔西下台。穆尔西要求军方打压"二次革命",但时任埃及国防部长的阿卜杜勒·法塔赫·塞西(Abdel Fattah Sisi)很快表态:埃及军队是埃及人民的军队,而非任何党派或个人的军队,埃及军方不会允许国家陷入混乱,但它保护人民的利益,尊重人民的诉求。2013年7月3日,塞西宣布国家最高宪法法院院长暂行总统事务,埃及提前举行大选,随后穆尔西及其政府官僚被限制出境,穆兄会在经历了短暂的"回光返照"后,再次失色。

塞西在"二次革命"及随后一系列稳定埃及社会措施中的表现,让他成为在2014年埃及大选中呼声最高的人。最终,塞西辞去军队职务,以文职身份参加2014年大选,并以超过90%的得票率当选总统,2018年他再获高票连任。塞西是一位带有明显个人特色的领导人,在执政初期的一次演讲中,他未掩饰改善埃及经济的困难,并向埃及人民发出真诚的请求,希望大家给予他和他领导的政府以信任和时间,他们必将不辱使命。从2014年上任至今,为了尽早实现向埃及人民许下的诺言,塞西勤奋地工作,提出多项国家级经济发展计划,积极吸引外资,着手建立埃及的工业体系。同时,他积极进行外事访问,改善埃及与美国、欧洲的关系,并多次到访中国,是2015年G20杭州峰会中唯一被邀请参会的非20国集团的阿拉伯国家领导人。

　　2011年埃及革命期间,笔者正在埃及读书。我曾问我的埃及同学:你这么积极地去参加集会,你们到底想得到什么呢?他回答:让穆巴拉克下台。我又问:可他下台后呢?这么突然的改变让埃及怎么办?他似乎从未想过这个问题,但又很快回答我:不用担心,每当埃及处在困难的时候,总会有一个英雄出现。我曾试图从他的角度去理解他的思维,但总觉得"不靠谱"。当2013年塞西强有力地宣布军队的决定时,我似乎又理解了他的想法:他排斥的并不是一个强权领导人,而是一个已经无法带来希望的强权领导人。埃及革命发生至今已快10年,埃及仍在走出革命震荡的路上。很多人期盼埃及的新生,期盼自己生活的革新,一些评价穆巴拉克治理时期的文章又开始出现在埃及的网络中。但比起革命刚结束时,现在的埃及人更加理性,不论这种理性是源自骨感的现实,还是埃及社会发展、成熟的结果,现在的埃及人更能够用实际工作衡量自己、衡量他人。埃及的发展前路依然有困难,埃及人民的很多愿望依然未能实现,塞西的努力也还在继续,但人们有理由期待一个更好的埃及。

中篇

太阳的颜色

埃及地处撒哈拉沙漠的东端,暖暖的地中海和咸咸的红海组成一个大大的臂弯拥抱着它,太阳给了这里奢侈的宠溺,所以很多人想到埃及,都认为这里一片沙海,难见鲜花。这里少雨,鲜花自不能遍地开放,但这里的花,都开得极其努力,特别是三角梅,在太阳的照耀下,每一种颜色都有极高的饱和度,朱红、玫红、橘色、白色、粉色、淡绿,各色三角梅几乎占据了埃及所有可供花儿生存的土壤。尼罗河给了埃及生命,太阳给了埃及色彩,从上埃及到下埃及,不论是黄沙、绿洲还是蔚蓝的海水,都是阳光的馈赠,人们享受着阳光带来的各色生活。在埃及,不同城市的道路路肩,会被刷上代表当地特色的颜色,当你在埃及旅行时,能轻易地从路肩的颜色判断出你的旅行到了哪里。

黄色与绿色

黄色是沙漠被炙烤的颜色,绿色是生命怒放的颜色,而这两种颜色都是太阳赐予上埃及的。

前面已提到,上埃及地区其实是埃及南部,这里纬度低,常年盛行由陆地吹向海洋的西风,因此,这里高温少雨,形成了热带沙漠气候。位于上埃及的尼罗河西岸属于撒哈拉沙漠的东部边界,而东岸则是被炙烤成橘红色的山丘或黑色的花岗岩山脉。虽然上埃及尼罗河两岸的生存环境险恶,但尼罗河河谷地区是尼罗河初入埃及的地方,自古便是埃及的"粮仓",孕育了最早的古埃及部落,上埃及尼罗河两岸生生不息的棕榈树,也见证了古埃及乃至当今埃及极富韧性的生命力。在上埃及,既有被热带季风铺在整个北非大陆的漫漫黄沙,也有生命之河赐予埃及大地的悠悠绿色;既有大自然用无限力量造就的壮丽景观,也有各王朝在有限时间里留下的文化印迹。黄色与绿色,不仅代表了自然,更代表了人与自然、人与时间的故事。

阿斯旺是上埃及地区著名的旅游城市,靠近尼罗河第一瀑布,在古代,这里是努比亚人和埃及人冲突的前线,是古埃及南部边界的戍兵要塞,但现在,这里是埃及最让人放松的城市。阿斯旺拥有尼罗河在埃及境内最美的景观。因靠近尼罗河第一瀑布,这里靠南的尼罗河水域水流湍急,黑色的岩石将河道分割开来,每天清晨和傍晚,颜色浓郁的太阳光将河面染成金色,露出河面的黑色岩石夹杂其中,一片安稳沉寂。再往北,河道变得宽阔起来,湛蓝的天空、河水和白白的云朵、船帆,上下相互呼应,此时,要感受这片美景的最佳方式就是乘坐三角桅杆船。当船帆随风展开时,一切烦恼都随着被船头劈开的浪花飘走。坐在船上欣赏阿斯旺的落日——尼罗河上最美的落日——你便也是岸上人眼中最美的画面。

阿斯旺有一个著名的小岛,叫象岛(Elephantine Island)。"Elephantine"是古埃及语,意为"大象、象牙"。法老统治时期,象岛曾在古时努比亚人和埃及人的象牙贸易中发挥过重要作用,象岛南部的阿布遗址曾是重要的海关检查站和贸易中心。[①] 象岛上绿树郁郁,特别是阿斯旺植物园内,种植着从印度及部

---

① 安东尼·萨汀、杰西卡·李:《埃及》,中国地图出版社 2015 年版,第 252—253 页。

阿斯旺尼罗河段的风景（作者拍摄）

分非洲国家移来的植物,傍晚日落时,柔和的光线和薄薄的水雾一起构成整个阿斯旺最静谧的时刻。我曾在这里遇到一对来阿斯旺度假的法国老夫妻,他们每日都来到这里,先生在画板上记录着阿斯旺的景色,太太坐在他旁边的长凳上,用笔记录着他们的生活。太太久坐累了,起身走走,回来从包里拿出两杯水,却也不提醒老先生喝水,只是默默将其中一杯放在他身旁。一会儿老先生转身,拧开水杯喝水的时候恰好太太抬起头,两人四目相对,都微微一笑,然后继续各自手中的喜好。那个场景,那一刻的感觉,就是阿斯旺之于旅行的意义。

　　跨过象岛西边的尼罗河航道就到了铺满金色沙漠的西岸。翻过一个高耸的沙丘,就能看到很多努比亚人聚居的村庄。“努比亚”本是古代地理名词,大体指尼罗河第一瀑布和第二瀑布之间的区域,也就是今天的埃及南部和苏丹北部。努比亚人和埃及人自古战争不断,双方的关系像是拉弹簧——你弱他就强。古埃及帝国在繁荣时期曾统治过努比亚,将古埃及文化带到了努比亚,阿布·辛贝神庙就是拉美西斯二世大胜努比亚后在这里修建的。而当古埃及力量衰弱时,努比亚也曾统治过埃及。到20世纪初,因修建阿斯旺水坝,很多努比亚人的土地被淹没,于是他们逐渐移居各地,但留在阿斯旺的努比亚人较好地保持了自己的传统。他们特有的拱顶建筑和对明亮颜色的使用,让他们的民居别有风情,努比亚风格的民宿在阿斯旺非常受欢迎。同时,努比亚人饮食中有些食品的做法也很符合中国人的口味,他们的陶锅炖牛肉是我最怀念的埃及口味。

　　从阿斯旺顺着尼罗河向北,就来到了上埃及另一个重要的城市——卢克索。卢克索有很多相互矛盾的特质。它是一座被分离的城市,东岸的现代化城市是"生"的世界,西岸布满法老、王室的墓葬群,是"死"的世界;它又是一座代表融合的城市,在这里能看到所有历史上来过埃及的民族留下的印迹。这是一座最孤独的城市,作为世界上最古老的都城之一,它曾被黄沙掩埋了一千多年,只剩一个贫穷的村庄;这又是一座最"热门"的城市,欧洲兴起"埃及热"后,在过去200年里,这里一直是最热门的旅游目的地。这是一座最让人羡慕的城市,在古埃及最辉煌的一千多年间,它享尽了无数的财富和崇拜;这又是一座最让人痛心的城市,在遭受文物掠夺的日子里,本应留给后世子孙的财富被掠至异乡,在自己的土地上失去了对文化的发言权。因此,卢克索是一个容易让人沉思的地方,即使站在嘈杂的路边,只要看到西岸沉沉的山脊,也会让人出神。

　　如果你对古埃及的文化感兴趣,这里是实证书本知识的最佳地,或被雕刻或被绘制在一座座古老神庙和法老墓室里的精美纹饰,深情地讲述着几千年前那个帝国的辉煌。你可以在卢克索众多的古建筑群里穿梭一周而不觉疲倦,因为这里的故事实在太多。卢克索有很多"必去"的景点:卡纳克神庙、卢克索神庙、帝王谷、哈特谢普苏特神庙等。而这些景点其实是一个个文物建筑群,里面包含有很多其他文物遗迹。在这些重要景点中,你需要第一个去看的是卡纳克神庙。在古埃及第十一王朝时期,底比斯成为首都,卡纳克成为底比斯神祇太阳神的崇拜中心,统治者在这里修建了一座供奉阿蒙神的神庙——卡纳克神庙。这是一个融合了千年建造工艺的建筑群,不同时期的法老和工匠不断地对其进行修葺、扩建、装饰,因而它成为新王国时期最重要的宗教场所。①这里有著名的公羊头斯芬克斯大道、太阳神神庙围场等建筑,特别是多柱大厅,134 根高耸的精美石柱令人震撼,上面的雕刻十分精细,一些石柱的上部甚至还有古时留下的彩色颜料。越往神庙深处走,你的步伐会越慢,因为每个建筑物都有故事,每个雕刻都是心血,文物的历史越悠久,文化给予的震撼越深。

卢克索的文物遗迹太多,无法在这里一一详述,这是一个需要花时间用心体会的城市,它的每一寸土地都和古埃及历史息息相关。这里常年有考古队或来自各个国家的埃及学学者,他们在闲暇时会免费为游客进行讲解,或在酒店咖啡厅与住客们交流。为了让千年前的文明"复活",考古学家们发掘它们,修复它们,用现代科技探索它们,他们同样在尽可能地让人们了解它们,让古老的文明永远地"活着"。

白色与黑色

开罗以南 20 公里处,是埃及最早的首都孟菲斯。"孟菲斯"其实并不是这里的第一个名字,公元前 3100 年,纳尔迈统一上、下埃及后,在上埃及尼罗河三角洲与河谷的交界处建立了新的都

---

① 安东尼·萨汀、杰西卡·李:《埃及》,中国地图出版社 2015 年版,第 194 页。

城,为它取了个古埃及名"Inbu－Hedj",意为"白墙、白色堡垒"。新王国时期之前,孟菲斯一直是古埃及首都。这个最古老的城市曾经是世界上最繁华的城市,但现在已经彻底消失了,只有留下来的金字塔遗迹提醒着人们这里曾经的辉煌。现今的开罗是法蒂玛王朝在阿拉伯人建立的首都福斯塔特城的基础上扩建的伊斯兰化的首都。但不论如何,尼罗河三角洲南部的这片土地,是埃及统一的政权最早兴起的地方,也是统治权力持续最久的土地,因此,这片土地的黑色和白色,是权力的象征。

开罗有很多重要的历史遗迹,但人们往往第一个想到的是金字塔。如前文所讲,金字塔属于古埃及文明,最早以阶梯金字塔形式出现在孟菲斯,技术成熟后才有了位于尼罗河西岸、距今天开罗9公里处的吉萨金字塔群,金字塔内部被发掘出的文物都陈列在吉萨的太阳船博物馆及开罗市中心的埃及博物馆内。埃及博物馆毗邻著名的解放广场,这个建于1902年的博物馆内珍藏着埃及各时期的文物珍宝,你在这里会受到强烈的震撼:在王室木乃伊展馆中,你能看到很多著名法老;而在图坦卡蒙展馆中,各类精致的黄金和珠宝饰品在等着收下你的惊叹;还有其他各时期、各类别文物的展馆,陈列了很多让人意想不到的文物。但当你来到这里,你会觉得太"拥挤",参观的人多自然不必说,这里展出的文物也相当拥挤。100年前博物馆开馆时,1.5万平方米的展馆内展示了3.5万件展品。因为新发现不断,现在埃及博物馆的藏品已达到14万件。这个建于100多年前、仅有2层的博物馆早已没有足够的地方展示越来越多的文物,很多文物都被堆放在仓库里。但由于经费原因,很多展品没有足够的保护措施,博物馆的安保措施也不严密,曾经历过严重的偷盗案。更令人遗憾的是,2011年爆发革命期间,有人趁乱闯入埃及博物馆,盗走了70多件文物。当抢劫博物馆的事情发生后,很多埃及人自发在博物馆外围成人墙,保护馆内的珍贵文物。其实在穆巴拉克时期,埃及政府就决心解决博物馆的拥挤和安全问题,在吉萨高原靠近金字塔的地方,开始了新博物馆的建设,但工程进展缓慢。2011年埃及革命后,新博物馆的建设一度停止。塞西当选总统后,埃及形势逐渐平缓,为了吸引更多的游客、改善埃及低迷的旅游业,新博物馆的建设加快了进度,将在2022年全面开放,到时将全面展出图坦卡蒙墓的文物。

在从公元10世纪建都起至今的1000多年间,开罗一直承载着首都的重任,经历了多次的扩张。在不同民族统治者的治理下,它集中了多样的城市风格,例如公元19世纪末期,深受法国文化影响的当政者伊斯梅尔,就在开罗老城的北部沿河建起一座法式新开罗。当然,到今天,伊斯梅尔的那个新开罗早已不新,埃及共和国建立初期的人口大爆炸,也令新开罗丢失了最初的样子。虽然开罗的现代化过程"吞并"了开罗的一些城市建筑,但风格鲜明的老城至今仍保留着浓重的文化特色。以基督教时期留存下来的教堂和伊斯兰教时期留下的清真寺为标志,开罗城被分为一个个风格鲜明、富有"个性"的区域。

科普特开罗是整个开罗最古老的城区,罗马人最早在这里建立了巴比伦要塞,在罗马人统治古埃及期间,经多次扩建,形成了科普特开罗的雏形。这里是开罗宗教活动场所类别最丰富的地区,有科普特东正教堂、希腊东正教堂、本·伊兹拉犹太教堂和阿慕尔·本·阿绥清真寺(下文简称阿慕尔清真寺)。这个区域里的大部分教堂和阿慕尔清真寺都免费开放,游客可以进入其中感受不同宗教的魅力。在不同的宗教节日里,在科普特开罗都能看到最纯正的宗教仪式。当科普特教堂进行弥撒活动时,烟雾缭绕的教堂里弥漫着香料的味道,此时教堂里用科普特语唱诵的圣歌会将你带回古老的埃及,而悬挂在教堂里的著名的 110 幅圣像，是游客了解科普特人和科普特东正教发展历史的极佳途径。

相较于科普特开罗区，伊斯兰开罗区面积较大，很多重要的伊斯兰建筑坐落于此。这是一个相对保守的区域，因此，在这里，合适的着装很重要，特别是女士要想进入清真寺，一定不能露出肩膀、胳膊和腿部，否则看门的大叔会给你一件长袍罩住全身才许你进入。伊斯兰开罗有最拥挤喧嚣且错杂如迷宫的街道，著名的购物市场"哈恩哈利利"就在这里。哈恩哈利利市场源自 14 世纪的开罗集市，是当时开罗著名的交易区，直到现在，仍然是感受开罗人生意头脑和经商能力的最佳地。市场里，香料、饰品、服装、铜器、水烟店、咖啡店应有尽有。这里的老板都是"语言天才"，似乎拉到任何一个客人他们都可以用该游客的母语推销自己的产品。亚洲女生来这里游逛，最好包起自己的"黑长直"发，因为天生卷发的埃及女生需要定期跑去理发店很费力地拉直，才能拥有滑顺的直发，如果任由令她们"嫉妒"的顺滑直发披在肩膀上，在这个拥挤的集市里，你会被密集地询问："能告诉我你用了什么洗发水吗？"

我留学时，曾与同学们在埃及红海边的一个小镇遇到一群来自北欧的留学生，说起最喜欢的埃及城市，他们毫不犹豫地说："开罗！"中国学生都有点不解，在我们心中，最好的城市就在眼前，安静、人少。当我们听完他们如此选择的原因后又理解了，他们说："开罗太棒了！到处都有很多人，直到深夜也很热闹，和我的家乡完全不同，我爱不夜城的感觉。"这个让"孤独"的北欧朋友们羡慕的特色，其实一直都困扰着开罗政府，过度的人口膨胀带来的问题已不单单是"拥挤"，交通问题、安全问题、空气污染问题、饮水问题等，都制约着开罗的进一步发展。庆幸的是，塞西政府推动的"新首都"计划将再造一个全新的现代化行政中心，期待见证开罗又一次里程碑式的发展。

蓝色与白色

一提到地中海，人们脑海中浮现出的或许就是希腊的圣托里尼岛和突尼斯的西迪·布·赛义德，这两座著名的蓝白小镇都用纯净的白色建筑呼应地中海湛蓝的海水，吸引了大量的游客，蓝色和白色也成为地中海风格的代表色。埃及北部地中海沿岸的代表色也是蓝色与白色，但不同的是，这里的白色是大自然给予蓝色大海的回应。

埃及地中海沿岸的沙滩是白色的，特别是阿拉曼以西的海岸，大多保留着原始的味道。沿着地中海，有一条东西贯通的沿海大道，是去往各个地中海沿岸城市的主要通道。我曾沿着这条大道一路向西来到马特鲁港旅行，站在无尽延伸的沿海大道上，远处的地中海依旧蓝得纯粹，细腻的白沙从路边一直延伸到海边，一团团褐绿色的沙蓬草散落在上面。原本我喜欢纯色事物，但这些植物丝毫没有打破这片蓝白相间的美丽，因为这都是自然给予的模样。这种原始的美吸引我离开公路，一步步走近它。走在沙滩上，我会疑惑自己到底是走在当下，还是走在千万年前的某个时刻。我的家乡在西北，我喜欢看傍晚时分的戈壁滩，"长河落日圆"的场景是我心中时间的尽头，而那天，当我一个人站在沙滩上，海浪的声音伴着细沙穿过沙蓬草的声音包裹住我，我仿佛听到了时间尽头的声音。

在从马特鲁返回亚历山大的大巴上，我对沿路的风景恋恋不舍，但心情越走越沉重，不是因为即将从自然风景中回到城市，而是因为这条道路承载的历史。这条沿海大道早在 2000 年前就存在，是罗马人修建的庞大公路网络中最南边的东西向大道。"条条大道通罗马"，简单的七个字写出了当时的辉煌。罗马人通过公路网络,用速度和效率建立起一个强大的帝国,这条东西向横贯北非的道路至今仍是地中海北非沿岸的交通要道。"二战"时期,这条大道是北非战场德军的主要行军通道,对德军深入埃及、攻占亚历山大、继而攻占苏伊士运河有重要作用。这条大道看到过德国的非洲装甲兵团从利比亚突入埃及时扬起的满天沙尘,也见证了盟军士兵为胜利付出的惨烈代价。当时德军为了阻击以英国为首的盟军反扑,在距离亚历山大 100 千米处的阿拉曼至其南部盖塔拉洼地的条形地段,埋下近 2000 万件爆炸装置,其中 500 万件左右是地雷,到目前为止,这些爆炸装置绝大多数仍未被清除。虽然独立后的埃及政府在这一区域拉起了警戒网,但由于地雷会在刮风和降雨天气下随沙丘移动,目前人们已无法精确判断这些地雷的位置,也无法知道爆炸装置影响的范围到底有多大,因此,这片土地被称为"魔鬼花园":"花园",是因为自然的美,"魔鬼"是因为战争的恶。每逢阿拉曼战役整十年纪念日,地雷留给埃及的伤痛都会被提起,埃及也早被联合国列入受地雷危害最严重的国家之一。德国、英国及其他一些战争参与国虽提供了一定的专项经济援助,但在巨大的地雷数量和沙漠排雷的实际困难面前,这些经费显得极其有限。因为雷区的危险,这片地区及附近区域很难被开发,阿拉曼这片被迫留存下的"美景",让人心情复杂。

　　过了阿拉曼,就是最著名的地中海城市——亚历山大。亚历山大是现今埃及的第二大城市,是埃及最负盛名的文化之都。在前文中已经提到,亚历山大是根据公元前 3 世纪亚历山大大帝的构想建造的,建造之初就承载了成为希腊化世界中心的愿望。亚历山大大帝选定了这座城的位置,但托勒密王朝决定了它的发展。在整个托勒密王朝时期和罗马帝国统治埃及前期,亚历山大是埃及最繁荣、最有学术气息的城市,亚历山大

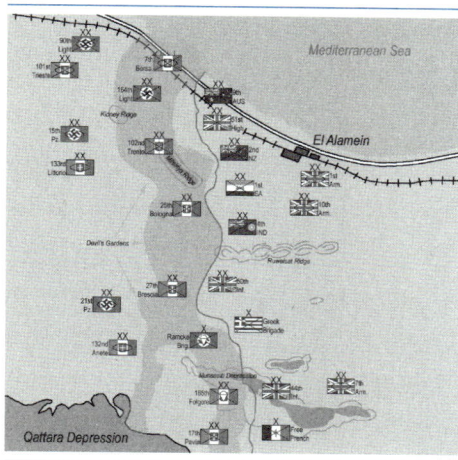

阿拉曼战役对阵示意图

图书馆和亚历山大灯塔是其在世界历史上最著名的两个文化标签。阿拉伯人来到埃及后修建了新的都城,亚历山大开始衰败。直到19世纪末期埃及现代化开始后,亚历山大才重新成为埃及这一时期最国际化的商业、文化中心,成为埃及"现代"的代名词。

亚历山大拥有20千米的弧形海岸线,城市的建筑分布在离海岸线仅3千米左右的陆地区域里,亚历山大市中心就在西北角上一个小小的峡湾里。因此,在亚历山大市中心游荡,不需要记景点的方位,只要沿着滨海路从一头走到另一头,所有重要的景点都会被收入眼中。来到亚历山大,参观亚历山大图书馆和灯塔遗迹,是唯一能打破被白色海岸环抱的地中海海景吸引的事情。但很可惜,古老的亚历山大图书馆早已被毁灭,人们在旧址的基础上建起了新的、现代化的亚历山大图书馆,新馆是埃及最大的国家图书馆。而亚历山大灯塔也早已被地震损毁,公元 15 世纪,马穆鲁克苏丹凯特贝在灯塔遗迹上建起了新的城堡——凯特贝城堡,现在的游客可以在城堡的瞭望室里想象当年从灯塔上望向海面的场景。

新亚历山大图书馆内部（作者拍摄）

因为亚历山大在城市发展过程中并没有过多地向内陆扩展,现今的很多建筑都是在古城遗迹上直接建造的,很多早期遗迹早已被埋于地下,或被新建筑"压"到了水下。20 世纪 90 年代,法国考古学家吉恩-伊韦斯·埃姆佩（Jean-Yves Empereur)领导的调查组首次发现亚历山大水下古城,从此,亚历山大的水下考古成果一次次震惊了世界。从最初发现的石柱、方尖碑、石质狮身人面像,到后来的陶器、克里奥帕特拉宫殿,亚历山大水下的宝藏一次次丰富了人们对历史的认识,亚历山大的水下遗迹成为埃及又一处文物奇迹。这些已出水文物都收藏在亚历山大国家博物馆及亚历山大图书馆内的文博馆,相信在这片美丽的水域下,惊喜远没有结束。

一名水下考古队员在检查一具已有 3000 年历史的狮身人面像①

四、黄色与蓝色

埃及的版图横跨亚非大陆,苏伊士运河是亚洲和非洲的分界线。埃及领土的大部分在运河以西的非洲大陆上,而运河的东侧,是亚洲大陆的最西端——西奈半岛。西奈半岛干燥炎热,布满了崎岖的焦黄色或黑色山峰,像一片起伏的"火焰山"。围绕半岛的红海,是世界上海水平均含盐度最高的海域,拥有世界上最蓝的海水,可也因此,这里的海岸上鲜有树木。沿西奈半岛环岛路行驶时,除了偶尔可见的长途大巴休息站,在到达半岛南部的沙姆沙伊赫前,你很少能见到人类和其他生命的活动踪迹,那时候,你会怀疑自己是不是被流放了。一半火焰,一半海水,黄色与蓝色交织,是西奈半岛的样子。

虽然这里非常不适宜人类生存,但在古埃及时期,西奈半

① 摄影:Spéthane Conpoint,https://www. smithsonianmag. com/science－nature/raising－alexandria－151005550/。

岛是绿松石、黄金和铜的重要开采地。① 同时，西奈半岛位于亚洲和非洲的地理交接地带，如以西奈的险峰做挡，渡过运河后便可长驱直入非洲大陆，具有巨大的战略价值。因此，这里自古就是各国争抢的重点地区。同样，西奈在与埃及相关的宗教历史上也有重要的地位，最为大家所熟知的就是《圣经》里"出埃及记"中，摩西带领犹太人跨过海峡，在西奈山山顶上得到了上帝授予的十诫。因此，在犹太教和基督教中，西奈自古便是圣地，是基督徒在危难中的保护地。在很多西方人的心中，登西奈山看日出十分神圣。公元 3 世纪基督教在埃及逐渐发展后，埃及的科普特人在这里修建了教堂和修道院。在罗马帝国打压基督教时期和阿拉伯帝国统治初期，一些为逃避宗教迫害或坚守信仰的科普特教徒来到这里，在圣凯瑟琳修道院周围的岩洞里隐居修道。② 这些苦修者身穿黑袍，居住在山洞里，靠烛光阅读经书，为了不被发现，他们习惯在夜间出行，仅借月光和记忆熟练地行走于崎岖的山路间。如今的西奈山中，仍有一定数量的科普特教信仰者保持这种修行方式，依然借助烛光和月光在夜间生活，他们的坚守让人尊敬。

———————————

① 安东尼·萨汀、杰西卡·李：《埃及》，中国地图出版社 2015 年版，第 390 页。

② 修道制度是基督教的一种宗教制度，罗马帝国时期的埃及基督教徒圣安东尼是最著名的修士，被称为"修道之父"。圣安东尼在父母过世后放弃继承巨额遗产，在埃及沙漠里废弃的古堡中苦修 25 年，后前往埃及东部沙漠里的一个洞穴中继续苦修。因圣安东尼卓越的品格和智慧，追随其隐修的信徒增多，很多人模仿圣安东尼前往沙漠地区修行。后在埃及历史上的几次动荡时期，为躲避外族统治者的压力，很多科普特人也选择躲进沙漠或西奈的岩洞里以守护自己的科普特教信仰，进而形成埃及式的"隐居修道制度"。侯士庭：《灵修神学发展史》，赵郑简卿译，中福出版有限公司 2005 年版，第 32—33 页。

　　这些苦行者来西奈是为了自己的宗教理想,而居住于此的另一个群体则是生于此长于此的本土居民——贝都因人。西奈半岛的贝都因人大都生活在半岛北部,以部落为单位分散居住,西奈半岛上一座座嶙峋高耸的山、一道道崎岖蜿蜒的路,让他们长期过着"与世隔绝"的生活,但同时也成为这些古老文化极佳的保护屏障,让贝都因人的文化被相对完整地保护下来。因为西奈半岛严酷的生存环境,贝都因人格外珍惜这里一切有生命的物体,他们对水和植物的保护有严苛的规定,①部落人员至今都须严格遵守这些规定。

　　当然,西奈的宝藏不只在山间。西奈的红海拥有全球最美的水下景观,这里海水清澈,鱼类繁多,有很多形状不同、颜色各异的珊瑚礁群,被称为潜水者的天堂。因此,20世纪70年代以色列占领西奈半岛后,在半岛南端的沙姆沙伊赫建起了度假村。在埃及与以色列签订和平协议后,西奈被归还给埃及,埃及政府随后出台政策,大力发展沙姆沙伊赫的旅游业,这里逐渐成为全球著名的海滨度假地。但在中东地区及埃及的外交事务中,沙姆沙伊赫的政治意义重于它的经济意义。

　　中东和平问题一直受到世界关注,虽然这个问题至今没有得到解决,但在历史上曾有过一些重要的转折点。20世纪末,穆巴拉克政府曾是巴勒斯坦和以色列关系的主要斡旋方,是推动中东和平进程的重要力量。在埃及政府的努力下,1999年巴以双方在沙姆沙伊赫签署了《沙姆沙伊赫备忘录》。一年后,由埃及、以色列、巴勒斯坦和约旦参加的四方会谈在沙姆沙伊赫成功举办,为当时巴以关系的暂时缓和与中东地区局势的短期

---

　　①　安东尼・萨汀、杰西卡・李:《埃及》,中国地图出版社2015年版,第412页。

平静创造了有利前提。为此,联合国教科文组织将 2000—2001
年度的"和平之城"奖颁发给了沙姆沙伊赫,"'和平之城'沙姆
沙伊赫"开始频繁出现在各大新闻报道中,沙姆沙伊赫开始作
为埃及政府重要国际会议的首选地,这里似乎变为埃及一个独
特的标志:与代表了古埃及的卢克索、代表了基督教化的亚历
山大和代表了伊斯兰化的开罗不同,沙姆沙伊赫是一个现代城
市,它没有宗教、文化的属性,而是和平、平等、开放的代名词。

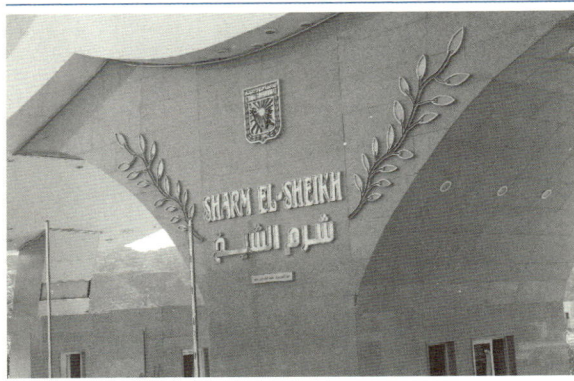

沙姆沙伊赫被誉为"和平之城",城市"大门"上有两条橄榄枝,
与城市名字组成的形状像一只展翅的和平鸽

新的 "灯塔"

一个拥有 7000 年文明史的国家,历史上必然有无数的名人,不论是政治家、军事家、学者,还是某些著名的团体,他们都引导了埃及历史前进的方向,是埃及发展的灯塔。在这些前辈的照耀和指引下,现代埃及也涌现出很多有独特贡献的人,他们为自己,也为埃及,在各自的领域继续印下"埃及"的烙印。

维护世界的人——布特罗斯·布特罗斯-加利 (Boutros Boutros-Ghali)

布特罗斯·布特罗斯-加利

在很多 20 世纪 80 年代出生的中国人的记忆中,对"联合国秘书长"这个职位的最早认识或许源自联合国第六任秘书长、埃及外交家、法学家布特罗斯·布特罗斯-加利。20 世纪 90 年代中后期,这位带着大框眼镜,充满学者风范的外交家站在联合国蓝白色媒体背板前接受采访的画面,经常出现在国际新闻中。

加利 1922 年出生在开罗一个显赫的科普特人家庭,他的父亲曾是埃及财政部长,而他的祖父是埃及前总理,他的外祖父是一名著名的历史学家。从开罗大学毕业后,加利赴法国继续深造并获得巴黎大学国际法博士学位。1949 年至 1979 年的 30 年间,加利在开罗大学担任国际法和国际关系学教授,曾在美国、欧洲、非洲、中东和印度等地的多家研究所和大学进行交流并开设讲座,并担任过"海牙国际法学院研究中心"主任、巴黎大学法学院的客座教授等职位。加利在他的学术生涯中,共撰写和出版了 30 多本有关国际事务的著作,其中很多是用法语出版的,成为研究国际法和国际组织的权威著作。

加利的政治生涯始于萨达特总统任职期间。起初他只在一些政治机构任职,为当时的决策者提供研究报告和决策建议,1977 年,加利被萨达特任命为埃及外交部长,并担任此职务至 1992 年出任联合国秘书长。在加利担任埃及外长的 15 年间,他推动了埃及中东政策的改变,其主导下的一系列埃及外交政策,极大地提升了埃及的国际地位:加利担任埃及外交部长后不久,就推动且促成了萨达特对耶路撒冷的历史性访问,并在埃及与以色列在戴维营的一系列谈判中发挥了重要作用。同时,他注重埃及外交人才的培养,在他的努力下,此时期的埃及涌现出很多优秀外交官,他们在埃及国内外政治活动中发挥了支柱作用。加利还创建了埃及最大的智库——《金字塔报》政治与战略研究中心,该中心至今仍是埃及重要的研究智库,对埃及的外交事业做出了不可磨灭的贡献。[1] 因加利出色的外

---

① 李茂奇:《深情回顾前秘书长加利对联合国所做出的重要贡献——访前秘书长副发言人阿赫迈德·法奇》,https://news. un. org/zh/audio/2016/02/307652。

交能力,1991 年 5 月,当时的埃及总统穆巴拉克任命他为埃及国际事务副总理,随后加利当选为联合国第六任秘书长,并于1992 年 1 月 1 日正式任职,成为阿拉伯国家及非洲国家第一位出任联合国秘书长职位的人。

加利在联合国上任之时,持续了 40 多年的"冷战"刚结束,世界正处在由两极格局到新格局形成的过渡阶段。虽然世界局势总体趋于平和,但一些地区高涨的民族主义情绪和世界经济多极化导致的地区性经济恶化,使得这一时期全球地区性动荡不断,而为了维持自身国际利益,西方国家频繁插手别国事务,因此,这一时期也被认为是联合国历史上最动荡、最具挑战性的时期。作为在最复杂时期担任"这个星球上最不讨好"职位的人,加利在其任职的 5 年中,密集地经历了许多重大国际事件——卢旺达内战、索马里冲突、波黑问题,这些无一不是在国际上引起过重大关注和影响的事件。加利的前副发言人阿赫迈德·法奇在加利去世后接受采访时说:"加利认为,与人们曾说的联合国缺乏自信不同的是,联合国现在存在过于自信的危机,认为它可以利用手中的现有资源解决世界上的所有问题。"[1]因此,加利从任职开始,便主张扩大联合国在维和行动中的作用,他始终奔波于各个冲突地区,在处理这些事务时希望通过大刀阔斧的改革来增强联合国的独立性。1992 年,他起草了《和平纲领》,作为联合国应对暴力冲突的方针,并强调冲突后建设和平环境的重要性。这一建议至今仍为联合国的许多决策提供了解决思路。[2]

---

[1]　李茂奇:《深情回顾前秘书长加利对联合国所做出的重要贡献——访前秘书长副发言人阿赫迈德·法奇》,https://news. un. org/zh/audio/2016/02/307652。

[2]　https://www.bbc.com/news/world-middle-east-35590039.

　　但国际社会对如何保持维护各国领土主权和进行人道主义干预之间的平衡存在很大争议,这使得联合国往往处于尴尬地位。1994 年卢旺达内战期间,西方国家指责加利,认为是其政策失利和联合国维和部队的不作为,导致了惨案的发生,而加利则指责美国,认为是美国和其他国家的犹豫不决,导致联合国在惨案扩大期间没有足够的资源来解决问题。而在北约对波黑进行轰炸期间,加利坚决反对美国的军事行动,这些直接和美国相抗的行为激怒了美国,于是在 1996 年加利的连任投票中,美国动用否决权阻止了加利的连任。最终,除第二任秘书长哈马舍尔德因赴刚果(金)调停冲突途中遇空难而未能完成第二任期外,加利成为联合国历史上唯一没有获得连任的秘书长。

　　加利在担任联合国秘书长的 5 年间,在西方国家特别是美国的压力下,始终致力于维护联合国秘书长办公室工作的独立性,做到这一点在任何时期都非易事。虽然在动荡的 5 年间,人们对加利的部分决定仍有争议,但他没有违背宣誓就职时"不代表任何国家"的诺言,始终努力打破重重障碍,为联合国中贫穷和弱小的成员提供平等的发言权,留给世界特别是留给非洲很多宝贵的政治遗产。加利卸任联合国秘书长职务后,仍长期坚持在外交领域活动,获得了各国的广泛赞誉。2016 年 2 月 16 日,加利在开罗因病去世,他的去世激起了世界各地,特别是埃及和其他非洲国家缅怀的浪潮。埃及总统塞西在悼念发言中称:"埃及和世界失去了一位优秀的政治家和法学家,在他长期的国际政治生涯中,无论是作为外交官、国际法专家还是作家,他都留下了太多。"在联合国大会纪念加利的特别活动中,时任联合国秘书长的潘基文称,加利从不试图让每个人都喜欢自己,一些人认为他过于独立,但加利认为这是联合国秘书长的最高美德之一。而最让人感慨的,是美国常驻联合国代表的发言:美国与加利秘书长之间曾有过分歧,但现在,美国意识到自身对加利亏欠的太多。

　　在初中学习世界历史和政治时,我们经常会背到一句话:"冷战结束,两极格局瓦解,出现了一超多强的局面。"当我们成长、成熟后回看那段历史时,才能体会到这些字背后,那些不畏"一超"的政治家为发展中国家争取权利时的不易和失利时的无奈,但庆幸的是,时间自会证明一切,功绩自有后人评说。

穷人的建筑师——哈桑·法赛（Hassan Fathy）

哈桑·法赛

　　卢克索是埃及著名的旅游城市,古都底比斯在卢克索附近,留下了众多古埃及时期的遗迹,大多数神庙和帝王谷都在这里,它被称为"世界上最大的露天博物馆"。古迹密集,让这里成为一个可以随时穿梭于千年时光之间的神奇城市——你很可能上一秒还站在路边沉浸于 4000 年前的石雕带来的震撼,下一秒就被挤进充满各种音响声喇叭声的嘈杂集市。在这里你经常会发现一些只修了一半的路,因为修着修着,文物就出现了。2010 年,在这么多动辄"上千岁"的文物古迹中,联合国教科文组织建议世界历史遗址基金会将这里一个仅有 70 多年历史的小村庄列为世界文化遗产观察名单,而这个敢与"先祖"争荣誉的小村庄就出自埃及著名建筑师哈桑·法赛之手。

　　哈桑·法赛是 20 世纪最著名、最受尊敬的建筑师之一,在现代主义建筑思想大规模席卷全球之时,他坚持认为"只有植根于当地地理、文化环境中的本土建筑,才是一个社会建筑的真实表达"①,同时他反对现代主义只注重技术而忽视普通人性的思想,认为穷人也应当享有建筑发展的福利。这些具有人文温情的建筑思想超越了他生活的时代,在提倡民族文化传承、建筑可持续发展的今天,依然十分宝贵。

　　1900 年,哈桑·法赛出身于亚历山大一个富裕的家庭,他从小喜欢绘画,8 岁随家人搬往开罗并接受基础教育,随后进入法鲁克一世皇家学院学习建筑。法赛 1926 年毕业时,正值欧洲装饰艺术和现代主义运动的高峰期,这种思潮也影响了他初期的建筑风格。但很快,他开始对埃及中世纪宫殿和古代遗迹产生兴趣,并专注于对这些传统建筑物的研究。同时,由于他在农村长大的母亲常与他讲起乡村的美好回忆,他开始关注纯朴自然的农舍建筑。在 1937 年的一系列私人住宅设计中,法赛将埃及乡村土坯建造技术与伊斯兰建筑的典型特征融为一体,设计了与当时西化的建筑潮流截然不同的建筑作品。

　　然而,等待,是在浪潮中逆行必付的代价。由于法赛坚持的设计理念与流行趋势不符,直到 40 岁时,他才得到了第一个委托项目——巴迪姆农场综合体。②当时受"二战"的影响,埃及市场缺乏水泥、钢筋等建筑材料,于是他将注意力转向了廉价又普遍的原始建材——泥土。为了解决穹顶部分缺乏模板材料的问题,他来到埃及南部的阿斯旺,学习民间传统的穹隆建

---

　　①　林楠:《在神秘的面纱背后——埃及建筑师哈桑·法赛评析》,《世界建筑》1992 年第 6 期,第 67—72 页。

　　②　http://www.chinaasc.org/news/107290.html.

造技术。现实的窘迫给了法赛深入了解埃及乡土建筑文化的机会,他开始将这些民间智慧运用到自己的设计中,并逐渐形成自己鲜明的建筑风格。1946年,埃及政府决定重新安置聚居在古底比斯遗迹上的居民,邀请法赛设计新的安置点。古城底比斯城集中了大量古埃及历史遗址,很多人为了摆脱贫穷,来到这里以盗墓为生,甚至将房子盖在遗迹、古墓上,为了保护遗迹和开发旅游业,政府决定建造一个新的村落,将这些盗墓"钉子户"移走。在经历了一个失败的安置设计后,埃及政府找到法赛,邀请他改造设计一个新的社区——新高纳村。在设计过程中,法赛坚持认为具有地方特色的建筑形式蕴含了人们的生活方式和生活习惯,一个民族建筑的发展不应以破坏传统为代价,建造的每个房子都应围绕着实际居住家庭的真实生活需要。因此,他将自己对埃及社会、埃及乡村的真实理解融入建筑设计中,把原设计中不切实际的建筑改造为居民真正需要的设施,用道路网格分出多种社会生活场所,用经济、可持续的思路改善穷困地区人们的居住环境。同时,他注重传统的广泛延续,亲自邀请当地居民作为设计者、建造者参与到新高纳村的建设中,并指导和鼓励村民,以房屋主人的身份,对建筑进行自主修建和改造。

　　虽然法赛的建筑理念长期不被埃及社会及国际建筑界的接纳,但他并未因为压力而改变自己的设计梦想。法赛曾说,在大自然中,没有两个人是相同的,他们的梦想也不同,而房子恰恰源自人的梦想,这就是为什么我们不会在村民自建的村子中找到两座相同屋子的原因。哈桑·法赛在他的著作中进一步解释说:"若想要一朵花,不要马上用纸和胶水做一个出来,应该用体力和智慧寻找一块土地,然后播下种子让它生长。建筑师也应当关注村民内心的愿望,培养一个有利于建筑繁荣的气氛和社会条件,这是真正适合建筑之花生长的土地,而不是只关注建筑本身,因为那无论多么华丽惊人,都只是一朵人造花。"①这本阐述了法赛设计理念的著作在 20 世纪六七十年代引起西方建筑界的关注,被译成英文出版后成为建筑领域的经典之作。

虽然随着发展中国家人口膨胀和城市化进程的加快,土坯材料已经无法满足急剧增长的现实需求,但法赛对建筑物地方特色的传承、对各阶层人民居住梦想的尊重、对穷人社区问题的持续关注,让他在建筑生涯后期获得了世界范围的广泛赞誉。特别是 20 世纪 90 年代联合国提出可持续发展目标后,建筑的可持续成为一项重要课题,法赛的建筑思想愈显可贵。在建筑生涯后期,法赛参与了很多第三世界国家的社区建设项目,共获得 13 项各国政府及国际组织颁发的奖项,如国际建筑师协会颁发的杰出贡献建筑金奖、联合国人居奖等。2010 年,联合国教科文组织考察团队在完成对新高纳村的考查后认为,法赛一生的设计主题是致力于赋予穷人参与建筑设计和建筑流程的权利,新高纳村正是法赛混合式创新的标志性建筑遗产,他用传统材料与现代建筑原理相结合的方式激发了全球建筑师和规划师的灵感,他关于社区发展与环境保护的理解和理念,与当今城市发展面临的挑战依然息息相关,因此,联合国教科文组织建议世界历史遗迹基金会将新高纳村列入世界文化遗产观察名单。② 无论"古老"还是"年轻",有温度的建筑,始终伟大。

---

①   Hassan, Fathy. *Architecture For the Poor—An Experiment in Rural Egypt*. Chicago and London: The University of Chicago Press, 1976, p. 119.

②   https://www.wmf.org/project/new—gourna—village.

明星学者——扎希·哈瓦斯（Zahi Hawass）

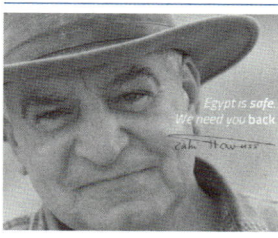

扎希·哈瓦斯

　　我在埃及读书时的研究方向为比较文学,研究课题是对中国作家余秋雨先生和埃及作家侯赛因·法伍兹博士的旅行文学作品进行比较研究。因与导师交流的需要,我将余秋雨先生部分重要的篇章从中文翻译成阿拉伯语,《莫高窟》正是其中一篇。当时帮我修改翻译的同学马娜娜,对莫高窟文物遭受西方劫掠的事感触极深,因为和中国一样,埃及文物在历史上也曾被粗暴掳掠至国外。在聊天中我告诉她,因历史原因,学界曾有"敦煌在中国,敦煌学在日本"的说法,中国遭受侵略时,包括敦煌文物在内的大量珍贵文物流失海外,虽经几代学者的努力,敦煌学正在回归中国,但文物追讨的路依然艰难。马娜娜听后说:"很多时候当我们聊起两个国家相似的伤痛时,我不知道该如何安慰你。但很开心的是,我们两个国家都有人在坚持。"那天,我第一次知道了埃及考古学家扎希·哈瓦斯。

　　与中国很多考古学者的低调不同,扎希·哈瓦斯被称为埃及考古学界的"电影明星"。十几年间,只要人们看到他,他必然是一身牛仔服,外加一顶牛仔帽。这个被人们称为"戴帽子的男人"的人出生在埃及达米埃塔附近的一个小村庄,最初的梦想是成为一名律师,却读了考古学,而后转向埃及学,在获得开罗大学的埃及学文凭后,开始在大金字塔考古队担任检查员职务。在这期间,哈瓦斯越来越明确自己对埃及学的喜爱,坚定了金字塔考古的职业道路,并于 2002 年成为埃及文物最高委员会秘书长。

哈瓦斯在职业生涯中主持了许多与金字塔相关的重大考古工作,如发现轰动世界的"黄金木乃伊谷"等,同时他也积极将现代科技引入埃及的考古实践中,例如在 1999 年使用机器人探头考察金字塔石门背后的秘密,以及用电脑断层扫描的方式重新检视法老图坦卡蒙的木乃伊。因屡获重大发现,哈瓦斯的名字频繁出现在世界各大媒体的报道中,不断增加的曝光率让哈瓦斯发现了一个宣传埃及学、宣传埃及旅游的绝佳方式——上电视。当你在视频网站中搜寻"古埃及",你会在美国国家地理频道、历史频道、探索频道及英国 BBC 出品的很多相关纪录片中看到哈瓦斯的身影,他还常是唯一的讲述人。他还出现在历史类真人秀里,向人们展示考古的过程,第一时间与观众分享考古队的发现。根据他个人网站的信息,1988 年至 2010 年间,哈瓦斯共参与了 23 项电视访谈或专题节目的录制。这些聚光灯下的社会活动,为他赢得了大量的国内外粉丝。2006 年,哈瓦斯名列《时代》杂志评选的世界上最具影响力的100 人名单。在 2016 年中埃文化年期间,他与中国考古学家一起登上中国节目《开讲啦》21 世纪海上丝绸之路非洲站的讲台,为中埃两国青年讲述他对考古的最新思考。这些不太符合传统研究者身份的行为也为他招来了非议,有人质疑他将学术做成了表演,将考古做成了商业。因为除了这些"明星"光环外,他还被认为是一个极具商业头脑的策展人:他曾策划了"图坦卡蒙和古埃及的黄金时代"展览,60 件来自埃及博物馆的文物在欧美 7 个城市巡展期间,共为埃及收获了 1.1 亿美元,被称为有史以来最赚钱的博物馆展览。①

面对这些质疑,哈瓦斯坚持认为,他所做的会让更多的人对古埃及感兴趣,有助于埃及旅游业的发展,因为他希望的是最终使埃及学在埃及得到振兴,让流落海外的文物回到埃及。自 1798 年拿破仑远征埃及起,欧洲人不断涌入埃及,对古埃及人留下的宝藏大肆攫取,获取了大量第一手研究资料。因此,埃及学从诞生之初,便由西方人主导发展,但哈瓦斯希望打破这种"垄断",希望埃及人能成为埃及学的主导力量。哈瓦斯参加了许多学术会议和演讲,并撰写了大量的学术性和科普性出版物,在埃及学领域获得了惊人的成就。自主导埃及文物工作以来,他在埃及全国范围内推动修缮或新开了 15 家博物馆,同时大力为年轻的埃及学研究者提供进修机会,希望埃及的埃及学后继有人。② 此外,他还发起了文物回归运动,向英国、法国、德国等国的博物馆发出呼吁,希望他们能归还埃及文物。虽然这个呼吁因对方极少回应,很多时候更像是自己在与自己对话,但他依旧在各种纪念日发出"文物回归"的呼喊,提醒对方:"我们的文物该还了。"

2011 年埃及革命期间,因哈瓦斯在穆巴拉克政府时期主持的项目被举报存在财务问题,哈瓦斯被迫辞去埃及文物最高委员会秘书长的职务。该事件至今仍在调查审理当中,背后的故事究竟如何,我们也还不得而知。但因革命而遭受重创的埃及

---

① 朱洁树译:《埃及的兴衰——"文物法老"扎希·哈瓦斯的沉浮》,http://cul.qq.com/a/20130722/011167.htm,原文刊登于 2013 年 6 月《史密森尼》杂志。

② 据哈瓦斯个人网站公开信息整理,http://www.drhawass.com/wp/bio/。

旅游业让他感到心痛,如卢克索恐怖袭击后他所做的那样,①哈瓦斯再一次通过自己的方式试图吸引各国游客回到埃及,他在接受国外媒体采访时多次表示埃及是安全的。在个人网站中,他在首页贴出自己大大的笑容,旁边真诚地写着"我们需要你"。

2016年,出现在央视《开讲啦》中的哈瓦斯,比以往出镜时更胖了,但他依然能够熟练地走位、找镜头,幽默地抖包袱,自如地演讲,现场的氛围与哈瓦斯的气场很合拍。其实,在中国,学者与媒体的关系也曾在几年前引起过争议。但随着中国加大对传统文化保护和传播的力度以及普通百姓对传统文化了解需求的提升,近年来一些制作精良、创意独特的文化类节目,一次次掀起了国内的热议,很多专业领域的研究学者以及传统技艺的传承匠人,通过电视、网络"直面"大众,将一个个原本"高深""遥远""让人不敢碰触"的领域拉进普通人的知识圈。因此,在今天的中国,那些争议早已没有"议"的必要。然而"没必要"的背后,是社会主流意识的推动,是经济实力的保障,是人们生活需求被极大满足后产生的精神渴望。当我们越来越多地拥有"别人"羡慕的眼光时,我们应记得给背后默默付出的人们比一个大大的"心"。

---

①　1997年11月,多名恐怖分子从卢克索卡纳克神庙两边的山谷冲出,向正在参观的游客开枪射击,造成58人死亡的惨剧。虽然当时的穆巴拉克政府对事件制造者穆兄会团体进行了严厉打击,但埃及旅游业在相当长时间内遭受了重创。

"足球法老"——穆罕默德·萨拉赫（Mohamed Salah）

穆罕默德·萨拉赫

2018 年 5 月 27 日,欧洲冠军联赛决赛结束后,整个埃及都在哭泣,不是因为利物浦未能夺冠,而是因为被誉为"埃及之子"的足球新星穆罕默德·萨拉赫受伤了。被队医搀扶着下场时,萨拉赫流下了眼泪,因为一个月后就是俄罗斯世界杯,这是埃及队 28 年后重新打入世界杯决赛圈,但因为受伤,他能否出现在俄罗斯赛场上为埃及而战,就成为未知数,这让整个埃及陷入极大的悲伤,连埃及总统塞西也打电话问候他的伤情。①

埃及人对足球的爱有多深? 若你无法去埃及亲身感受,著名的"名人"网站也许能给你一些答案。当打开"埃及名人录"的页面,你会看到在埃及受关注较多的名人,除了历史名人、政治领导人外,关注人数最多的就是各个时期的埃及足球运动员。而在关注排名前十的埃及名人里,萨拉赫位列第一,埃及艳后、法老图坦卡蒙和拉美西斯二世都在他之后,可见萨拉赫

---

①　张娟娟:《埃及足球明星受伤,人们紧张得像是金字塔掉了一颗石块》,https://pit.ifeng.com/a/20180531/58515791_0.shtml。

在现今埃及人心中的地位。

　　1992年6月15日,穆罕默德·萨拉赫出生在埃及一个小村庄,他从小就很喜欢足球,但父母希望他能取得好的学业成绩,将来进入一个传统的行业工作。萨拉赫曾努力地平衡学业和足球的关系,但他最终发现足球才是自己擅长的。当他能够参加莫伦考俱乐部青年队的训练时,他十分珍惜这个机会。从家到俱乐部的路程要耗费3个小时,但对比赛的热情让他专注于训练,忘记了疲惫,在萨拉赫看来,这是他成为职业球员的机会。

　　18岁时,萨拉赫正式成为莫伦考俱乐部的一员,成为球队的前锋。但仅仅2年后,因受震惊世界的"塞得港球迷骚乱事件"的影响,①埃及超级联赛面临停赛危机,许多埃及球员对前途感到一片迷茫。这时,瑞士的巴塞尔足球俱乐部看中了萨拉赫,并与他签订了一份4年的合同,萨拉赫自此开始了他的欧洲生涯。萨拉赫进入巴塞尔足球俱乐部后,屡次在关键时刻为球队进球,他的表现被英超豪门切尔西看中,切尔西于2014年签下了这个初露锋芒的年轻人。萨拉赫本希望在切尔西俱乐部这个更高的平台上,展示一个更强的自己,但在新球队做了一段时间替补球员后,他被租借到了意甲联赛的佛罗伦萨队,后又转至罗马队,开始了新一轮的等待和磨砺。终于在2016—2017赛季,萨拉赫代表罗马队出场41次,交出了19个进球、15次助攻的成绩,并帮助罗马队夺得联赛亚军。2017年,英超的利物浦足球俱乐部以4200万欧元签下萨拉赫,这份合同创造了利物浦俱乐部的转会纪录,萨拉赫也成为第一个加入利物浦

　　①　2012年2月1日,埃及人队在塞得港主场迎战豪门球队阿赫利队。比赛结束后,双方球迷因语言口角引发激烈的冲突,造成77人死亡,时任国际足联主席布拉特称当天是"足球历史上最黑暗的一天"。

队的埃及球员。加入利物浦队后的第一个赛季,萨拉赫就用成绩证明了自己的价值——赛季结束时,萨拉赫共打入 36 粒进球,被称为"埃及梅西",国际足联更将其称为"让欧洲眼花缭乱"的人。

萨拉赫在欧洲取得成功的同时,也为埃及赢得了荣誉。他曾作为埃及国家队的一员参加了奥运会、非洲杯,被 BBC 评为"2017 年度非洲足球先生"。2018 年的世界杯资格赛期间,他更是全队的领军人物,用 5 粒进球帮助埃及再入世界杯决赛圈。当埃及人民经过焦急的等待,终于听到埃及国家队宣布萨拉赫将参加俄罗斯世界杯的消息时,整个埃及沸腾了,报纸、网络头条都充满了对"足球法老"归来的喜悦。

2011 年埃及革命后,埃及不再因文化吸引力出现在西方媒体中,革命后急剧恶化的治安状况,让"乱"成为很多外国人对埃及的第一印象;2012 年的"塞得港球迷骚乱事件",更令让埃及人引以为傲的埃及足球形象在世界面前一夜崩塌。但萨拉赫的成功,弥补了埃及近年来被"革命"扰乱的国家形象,特别是在英国,萨拉赫已成为最热门的外国球星,借由英超在世界足球联赛中的广泛影响力,人们乐于叫他"小法老"。球迷们对萨拉赫的喜爱改变了人们对埃及年轻一代、对埃及足球的看法。2018 年 5 月开始,萨拉赫的战靴被放置在伦敦博物馆内,与一些法老雕像一起展出。博物馆负责人认为,萨拉赫战靴的加入更新了埃及展馆的内容,丰富了人们对埃及的了解,"这双球鞋代表了真正的全球影响力,它正在向英国讲述一个埃及现代偶像的故事"①。

---

①　https://www.thesun.co.uk/sport/football/6310391/mohamed
—salah—boots—egyptian—collection—british—museum/.

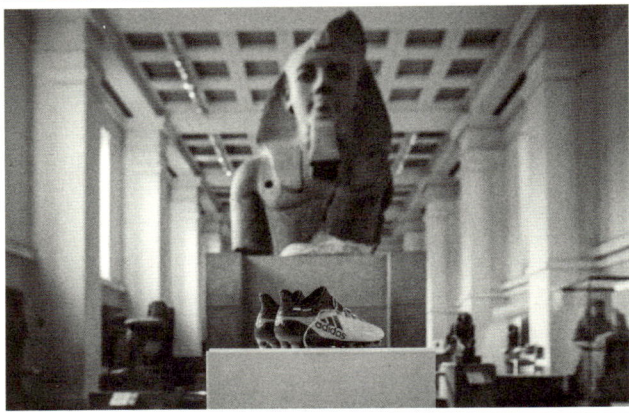

放置于伦敦博物馆内的萨拉赫球鞋

　　毫无疑问,这位 90 后埃及年轻人是现在整个埃及的偶像,萨拉赫在埃及产生的影响超过了埃及历史上任何一个足球明星。有他参加的球赛,不论是联赛还是各种杯赛,都成了埃及人的大事。走在埃及街头,你可以看到无数和萨拉赫有关的挂件、球衣、海报、附有激励话语的涂鸦等纪念品,甚至在斋月期间出售的彩灯上也印有他的头像。萨拉赫之于埃及,之于埃及人民,已不仅仅是一个在英超拿到金靴奖的年轻人,而埃及人对他的爱,也不仅仅是因为他带领埃及队重新打入世界杯。2010 年到 2018 年是萨拉赫成长的阶段,他的梦想曾被打乱,锋芒曾被遮蔽,在挺过职业生涯低谷后,他的坚韧和成长终于令他守得云开见月明。而这些年,也是"1·25"革命后埃及寻找出路的 8 年,革命后埃及国内经济下滑,失业情况严重,人们对政府的经济计划寄予厚望,期盼能走出谷底,但真正好转的一天似乎遥遥无期。萨拉赫经历了无数埃及青年正在经历的痛,也最终收获了埃及社会正在渴求的梦。对于在埃及革命爆发后一直处于动荡中的很多埃及年轻人来说,萨拉赫的意义已经超出了一个球员的竞技价值,他不单单代表了一个在挫折中成长起来的榜样,更像一个承载了重生梦想的标志。

你的选择

从埃及回国后不久,日本冈山理科大学的一个研究团队来到我工作的单位进行访谈,他们希望从拥有不同国家留学背景的人身上,找到留学国家文化对这些人归国工作、生活产生的影响。找我访谈的三位日本研究者都是女性,她们问我:你刚从埃及回到中国时,埃及的社交中有让你很怀念的事情吗? 我不假思索地笑着说,在埃及排队时,很多时候男人会主动为女性让出一条通道,所以男士排的那队往往耗时很长,但女士排的这队进程很快,可以省不少时间,这或许是在埃及作为女性的一个时间成本优势。她们听后有些诧异,继续问道:你是觉得在埃及反而会拥有更多的女性身份优势? 是啊,谈到阿拉伯国家,女性身份、女性权益是总也绕不开的话题,且一提起总是给人以负面印象。即使在埃及这样一个世俗化的阿拉伯国家,这里的女性也有无法回避的困扰,但其实她们也有如世界上大多数地区的女性一样的自由生活,很多时候她们和我们一样,不希望被定义,而是不断地努力,选择自己的人生。

坚韧的榜样

在古代埃及神话中,女性神和男性神同样重要,他们代表了自然界以及人类生活的各个方面。虽然随着时间的推移和历史发展的需要,这两个群体越来越混杂,掌管的范围开始部分重叠,但那些重要的男性神和女性神,因他们独特的地位和对人世的指导意义而频繁出现在古埃及人留下的上千万幅壁画中。古代埃及最著名的女性神是深受古埃及人崇敬的伊西斯。

伊西斯是古埃及最原始的女神，她在奥西里斯的故事中扮演了重要的角色，更是儿子荷鲁斯成长过程中不可缺少的伟大母亲。为免遭塞特的迫害，伊西斯带着年幼的荷鲁斯长期隐藏在尼罗河三角洲的沼泽里艰难生活，在荷鲁斯成年后争夺王权的过程中，她也从未缺席，并最终帮助荷鲁斯在与塞特的王位争夺中夺回王权。伊西斯在一次次危机中艰难走过，虽遭受折磨，但从未放弃，是古埃及人心中最坚强、最值得尊敬的母亲。心地善良的伊西斯还护佑弱小、救治伤患，加之她为寻求丈夫的遗体所受到的折磨和痛苦，使得她成为受压迫的弱势群体及妇女的保护神。因此，在古埃及壁画及雕像中，伊西斯常戴着宝座形的头饰。

伊西斯哺育幼年荷鲁斯的青铜雕像

艰苦的命运选择了她，而她也选择了在艰苦的命运中不畏苦难，与儿子共同坚守。虽然在古埃及神话中，伊西斯也会以巫女的形象出现，但这并不妨碍她成为一个民族长期尊崇的女神，她的选择不仅影响了古埃及神话，更曾影响包括古希腊、古罗马在内的西方世界。

在很多古老文化中，女性长期以来都是服从、被选择的角色，她们的社会地位低于同层级的男性，在古埃及也是如此。但神话中伊西斯女神一生的坚持，让现实中的女性懂得在不同的情境面前如何选择。在古埃及历史上，也出现了很多伟大的女性政治家，她们在所生活的历史大环境中，为当时的埃及和埃及人做出了自己的抉择。哈特谢普苏特如此，古埃及最后一位执政者，被称为"埃及艳后"的克里奥帕特拉也是如此。

长久以来，任何有关"埃及艳后"的新发现、新研究，都是世界人民的谈资，即使在今天，也能轻易登上各国网络的热搜榜。她最为人们津津乐道的是传说中的绝世美貌，以及与恺撒、安东尼等英雄人物的情感纠葛。这些故事给予历代文人、艺术家们创作的激情、想象的灵感。在这些作品中，克里奥帕特拉七世被描述为"旷世的肉感妖妇"或"一个任性而不专情的女性"。她在权力的世界里通过高超的技巧把玩情感、惑乱男性，在一切失败后，选择用毒蛇结束了自己的生命。关于"艳"这个基于视觉和个人喜好的评价，在很长一段时间里由于缺少克里奥帕特拉七世的雕像和画像，其真实性很难去评判，但对她各种玩弄感情"手腕"的评价，可以让历史来说说。

克里奥帕特拉七世生活在托勒密王朝末期，当时托勒密王朝的统治已经在走下坡路，进入衰败混乱的时期，王朝权力越来越分散。公元前 201 年，古罗马赢得第二次布匿战争后，成为地中海地区的主导力量，吞并一个个小国，将其变为它的一个个行省，古罗马也逐渐开始通过外交手段广泛干涉埃及内部事务。到克里奥帕特拉七世的父亲托勒密十二世在位期间，古罗马的元老院已在争论是否要将埃及彻底吞并。托勒密十二世不得不采取一系列的政治贿赂，来努力保持埃及的独立性——他通过贿赂古罗马债权人的手段,赢得了元老院对是否吞并埃及这场辩论的胜利,从而保住了自己的王位,但由此付出的代价则是在国内进行高昂的税收以支撑他的贿赂,这给当时的埃及人民带来了极大的痛苦。

托勒密十二世去世后,克里奥帕特拉七世与她的哥哥托勒密十三世联合共治埃及,两人间的政治争斗不断,她的哥哥最终将她从共治王位上驱逐。为了夺回权利,克里奥帕特拉抓住恺撒在亚历山大的机会,设计躲过层层防御当面向恺撒提出帮助自己的请求。恺撒被克里奥帕特拉的智勇征服,后裁定由兄妹二人共同执政。① 托勒密十三世在公元前47年的战斗中被杀死,自此克里奥帕特拉七世成为埃及实际的掌权者,她利用恺撒的权利,先是从古罗马手中收回了对塞浦路斯的统治权,继而一步步向恢复托勒密帝国的目标前进。为了巩固自己的权力和形象,她来到古罗马,虽然在这里她并不受欢迎,甚至遭到了仇视,但为了维持自己在埃及的统治,她在这个充满敌意的异乡坚持了下来,直到恺撒被刺杀,她一夜间失去了独立目标的力量支持。那时她还不够强大,还需要为自己的国家找新的支持,此时的安东尼便是最好的选择,但安东尼却在最初拒绝了她。

根据古希腊著名传记作家兼散文家普鲁塔克(Plutarchus)在其名著《希腊罗马名人传》中的记录,虽然恺撒去世后克里奥帕特拉继续获得了安东尼的支持,但这种支持并不稳固,因为在安东尼与屋大维的继任权斗争中,安东尼的妻子、屋大维的姐姐屋大维娅曾屡次成功说服双方和解,这意味着安东尼对克

---

① 普鲁塔克:《希腊罗马名人传(中)》,吉林出版社2009年版,第1309页。

里奥帕特拉的支持并不牢固。当安东尼与屋大维之间的海战即将再次触发时，安东尼听从了同僚的建议，"吩咐克里奥帕特拉返回埃及，在那里静候战争的结局。克里奥帕特拉唯恐屋大维娅又设法使双方和解，用重金贿赂坎奈狄斯（Canidius）①，要他在安东尼面前为她说项"②。最终坎奈狄斯说服了安东尼让她留下，但这份记录因没有史料证明而长期无从查证。公元2000年，历史学家发现了一份公元前33年由克里奥帕特拉七世签署的行政文件，具体内容是授予坎奈狄斯及其继承人以特权，包括免去每年1万阿特巴（约300吨）小麦及5000安普尔（约14万升）葡萄酒的进出口税、其在埃及的庄园及庄园租户免交赋税且无须参加军事征用。这份文书印证了普鲁塔克的记载，坎奈狄斯获得的"重金"报酬即是在埃及的经贸特权。此后断断续续的考古发现，继续不断地打破世界对克里奥帕特拉七世的"艳后"印象：从2014年在英国展出的印有埃及艳后头像的金币和2015年科学家们对一些文物残片进行3D复原的图像来看，她真的没有那么美；从英国国家博物馆展出的11尊埃及艳后的雕像来看，她相貌平平，更像是一位女学者。

所以埃及艳后的致命吸引力并非来自绝世美貌，她是用智慧来守护国家、捍卫自己的王位的。有学者曾说，克里奥帕特拉七世在与古罗马的外交中使用的是浪漫政策，但这并没有什么不好，相较于她父亲的贿赂政策，这反而在当时实现了更多的国家独立目标。是的，她无法选择自己的性别，但当她处于权力阶层，要肩负起恢复一个国家独立的责任时，她可以选择

---

①　坎奈狄斯为安东尼多年的军事同僚，Canidius 的翻译来自希腊语，亦有拼作 Cascellius。

②　普鲁塔克：《希腊罗马名人传（下）》，吉林出版社 2009 年版，第1680 页。

背负这个职责的方式。在男性主导的权力世界里,男女的性别优劣势显而易见,也无法改变,但克里奥帕特拉七世选择用智慧弥补她的性别劣势,虽然她最后未能成功,她的死也结束了古埃及作为一个独立国家的阶段,但她的治国方式和外交手段有目共睹,她维护托勒密埃及的努力不可抹杀。

上相关课程时,我曾问学生:为什么长久以来,各类文学和艺术作品中表现的埃及艳后会和真实的历史形象差距那么大呢?学生们各抒己见,有人说这是酸葡萄心理,有人说这是"吃瓜群众心态"。听到这里,我忽然想到美国著名女歌手 Lady Gaga 在 2011 年画着伊丽莎白·泰勒的经典"艳后"眼妆接受采访时与主持人的一段对话:

"这不就是人们想看到的吗? 每个人都想看到巨星的陨落。"

"你认为人们想看到你的陨落吗?"主持人问。

"当然,他们当然想。他们想看到我失败,想看到我在台上跌倒。这不就是我们生活的时代吗? 我们想看到别人拥有一切,失去一切。这个时代就是戏剧性的。"

"然后东山再起?"

"对,就像一部电影。"

不曾平庸

古代埃及史上为人所知的埃及女性,多在政治领域有所成就,但在近现代埃及历史上,很多杰出的埃及女性在不同的领域取得了开拓性的成就,不断丰富、扩展着女性在埃及社会中的角色和作用。

生于 1907 年的拉特菲亚·娜迪亚是埃及,也是阿拉伯世界中第一位获得飞行员执照的女性。她出身于开罗的一个中产阶级家庭,父亲是政府打印室的一名职员。按照她父亲的打算,她小学毕业后,就要开始为今后的婚姻做准备,和母亲学习如何成为一名家庭主妇,因此父亲并不打算让她继续学业,但她的母亲鼓励她参加美国大学的现代课程。一日,拉特菲亚·娜迪亚从一篇文章中得知在开罗新开设了一所飞行学校,她不顾父亲的反对执意前往。在屡次遭到飞行学校的拒绝后,她直接找到当时埃及航空公司的负责人卡迈勒·埃尔维寻求帮助。卡迈勒从中看到了宣传的商机,同意帮助她进入飞行学校学习。1933 年 9 月 27 日,拉特菲亚·娜迪亚获得飞行员执照,成为非洲及阿拉伯国家的第一位女飞行员,这个消息抹去了父亲一直以来对她的怒气,拉特菲亚·娜迪亚带着父亲开飞机飞越金字塔的消息也成为当时世界范围内的头条新闻。此后她活跃在飞行比赛和航空事业中,虽然在一次事故中损伤了脊椎,但这并未影响她成为埃及妇女的榜样。在她之后,不断有埃及妇女参加飞行训练并成为优秀的飞行员,埃及航空也逐渐接纳了女性飞行员。拉特菲亚·娜迪亚终身未婚,她的一生都与埃及航空事业的发展相依相伴。

埃及的女性不仅在技术性领域有突破,在科学领域也有令人钦佩的榜样。20 世纪初,核能研究成为西方国家最为重视的科学研究领域之一,科技条件优越的美国和欧洲各国都曾吸引各国优秀的年轻核能研究者前往,但当对方开出丰厚条件,希望这些年轻人留在西方国家继续研究时,很多有志学者都选择了返回祖国,为国效力,推动自己国家的核能发展。在中国核能发展史上,有著名核物理学家钱三强和何泽慧夫妇排除阻力、曲折回国的故事,在埃及,也有这样一位女科学家。

萨米拉·穆尔西生于 1917 年,她的父亲是一位著名的政治活动家。童年时期她母亲因癌症去世后,她跟随父亲来到开罗,在父亲的坚持下,进入开罗最古老的学校之一——卡斯尔·艾尔舒克小学就读。中学阶段她成绩优异,本来可以学习工程学,但她坚持选择去开罗大学科学学院就读。科学学院第一任院长穆斯塔法博士欣赏她的聪慧和努力,在核能研究上全力指导她。在自己的努力和导师的培养下,萨米拉成为埃及第一位获得原子辐射博士学位的女性,同时成为该校科学学院的第一位女性助理教授,成为埃及独立以来第一位获得大学执教职位的埃及女性。

萨米拉在研究中提出了有助于打破铜等廉价金属原子的方程式,为廉价核弹制造提供了可能,但她更希望这种能量能被使用在改善人们生活的民生领域,并提出"和平使用原子能"的口号。因母亲因癌症离去,萨米拉也致力于以核手段治疗癌症的研究,她曾说:"我的愿望是让使用核能治疗像使用阿司匹林那样便宜。"她在不断地为实现这个目标而努力工作。

为了表彰萨米拉开创性的核研究,美国政府授予她富布赖特科学奖学金,并邀请她赴美留学。在访问期间,萨米拉获准前往加州大学参观现代化核研究设施。这引起了美国学术界和科学界的强烈争论,因为萨米拉是第一个获准参观此类设施的外国人。随后美国向她伸出橄榄枝,邀请她加入美国国籍,并提供了一系列丰厚的条件,希望她能留在美国继续从事她的研究,但萨米拉拒绝了。1952 年 8 月,她打算结束美国之行返回埃及前,她收到了一个前往加利福尼亚参观郊区核电站的邀请。在驱车前往的途中,汽车从高处坠落,这场惨烈的车祸带走了她年仅 35 岁的生命。据事后调查,那封邀请她赴加利福尼亚参观的信函是伪造的,而当时开车的司机在汽车坠落前跳车逃走,更让整个事件蒙上层层迷雾。一些人认为这是一场精心策划的暗杀,或许行凶者的目的就是在核能发展初期阻止关键的核心知识传入埃及、传入阿拉伯国家。

　　第三世界国家独立浪潮兴起以来,埃及经历了独立初期的艰难发展,前沿科技的研究工作更是受限。萨米拉在丰厚的待遇面前没有忘记她的初心,为使自己祖国能和平发展核能,为向自己同胞提供更先进的医疗手段,她选择回国。但那个冰冷的山谷阻断了她的愿望,这是她的遗憾,更是埃及的遗憾。但萨米拉用她 35 年的生命,打开了埃及女性从事尖端科学的大门。自她之后,越来越多的女性进入大学学习、研究、任职,原本由男性主导的很多领域,如医学、法律和军事领域,越来越多地闪现出女性的光芒。

　　当然,埃及历史上重要的女性不止这里提到的几位,还有很多。埃及曾进行过一次"埃及历史上最伟大的 25 位女性"票选,很多人说为什么只选 25 位,太少了。时至今日,一提到埃及,大家会想到它是一个阿拉伯国家,很多人自然而然地认为这里的女性从古到今只做家务,无法参与社会生活,更不可能成为某个社会领域的领导者。对于大多数埃及人来说,一提到女性角色,他们首先想到的定位仍和其他很多阿拉伯国家一样,依旧是"母亲"和"家庭主妇"。我们不否认一些传统文化因素对现代埃及的影响,但埃及拥有 7000 年的漫长历史,女性在这个国家的时光轴上刻下了无数的印迹,没人能抹去她们的故事,没人能否定她们的贡献。近现代埃及史上有许多优秀女性,她们选择的意义并不只是在阿拉伯国家树立多少标杆、创造多少历史,或成为轰动一时的世界新闻,更重要的是,她们逐渐为这个国家无数的普通女性打开了人生更多的可能性。不可能每位女性都能做顶尖者,也不可能每个顶尖的行业中都有女性留下划时代的意义,更多的埃及女性在大环境无声的限制下生活,而那些优秀的埃及女性一步步走来的选择,为普通的埃及女性撬开了舆论对她们的桎梏,软化了传统观念对她们的捆绑,丰富了世界看待她们的角度。在她们的努力下,埃及女性参与工作的比例一直居于阿拉伯国家的前列,她们和其他国家的女性一样,努力平衡着工作职责和家庭责任。但她们也更加辛苦,随着全球化的冲击和近年埃及国内社会、经济环境的动荡,女性的职场环境有所恶化,埃及女性依然走在争取更多权益的路上,依然在不断地推动社会接纳女性更多样的社会角色和人生道路,也在帮助更多的普通女性在传统和现代、群体和个人中寻找属于自己的人生平衡点。

"20，30，40"

刚到埃及,我处于我人生 20 岁的阶段。看张艾嘉的电影《20,30,40》中,看到电影里 20 岁的明媚执着、30 岁的彷徨不安、40 岁的睿智潇洒,总不自觉地想要代入自己。在埃及生活的 3 年里,我结识了很多处于 20 岁、30 岁、40 岁阶段的女性朋友,谈到埃及现今女性的生活,我忽然想到那些埃及朋友的故事。

第一位女主角,我第一次见她是在刚到开罗的那个夏天。开罗夏日的白天很恐怖,阳光直射,空气干燥。但到下午至傍晚,日落风起,还有动画片一般的夕阳配色,这时候站在阳台吹风观景是最惬意不过的了。我当时住在开罗马阿迪 233 街区最高那栋楼的顶楼。我喜欢傍晚在阳台吹风,看夕阳染遍一片片楼顶。一日,我突然发现对面楼顶上有一个小女孩竟然在跳现代舞! 她穿着宽松的墨绿色长袍,淡褐色的头巾随意地搭在脖颈上,跟着音乐起舞的时候,长袍勾勒出她颀长的身形,长长的辫子和自然卷起的刘海也随风飘起。虽然两栋楼隔着四条车道的距离,但我能看到女孩开心自得的笑容,她的舞姿自信、自如,没有害羞,也没有生涩。原本灰白的楼顶在夕阳的染色下显出柔和的金色,她像一条灵活的蔓藤,在上面迈着舞步。这无意间闯入我视线的美好画面,让那日的我开心了好久。

夏天让人慵懒,开罗的夏天更是如此。对周围熟悉后,我不再下楼买菜,开始打电话叫菜铺送货。一日叫了送菜服务,一开门,是个面容美丽的女孩,虽然她包着头巾,但直觉告诉我这就是在对面楼顶跳舞的小女生,接过菜时我试探着对她说:"你的舞跳得很棒。"她惊了,有点不知所措,低声问我:"你看到了?"果然是她!我告诉她我每天傍晚打开阳台门时,都很期待看到她能在对面楼顶跳舞。

那日以后,我们渐渐熟悉。她叫娜迪亚,是对面楼看门人的女儿,她的母亲负责楼里的卫生保洁,也为住户定期提供家政服务。爸爸妈妈带着刚出生不久的弟弟住在对面楼的地下室,她带着妹妹住在楼顶上的小屋里。平日放学后和寒暑假,她会帮母亲打扫楼梯卫生,或者帮蔬菜铺送货,赚几个埃镑的小费,也会帮楼里的住户洗车,那样赚得更多些。娜迪亚告诉我,她很喜欢跳舞,会跟着电视里的人学,记住她们的动作后自己练习。但她的父亲不喜欢,因为在埃及一提到舞蹈,人们首先想到的是肚皮舞。肚皮舞服饰的性感风格与一些挑逗性的舞姿,让埃及人普遍对以跳肚皮舞谋生的女性有较负面的看法。"但你跳的是现代舞啊,"我对她说,"你可以向你父亲解释。""这很难,因为他不是很懂,但我也理解,并且我需要向太多人解释,大家关于肚皮舞的印象太深了,连我班上的男生有时也会开玩笑。"这番话让我很吃惊,我原以为她就是一个单纯喜欢跳舞的十几岁的小女生,可那天我看到了她的成熟和宽容,我才明白她在楼顶跳舞时,不全像我猜测的那么惬意,小小的她也有压力,也需要去面对的不解目光。是啊,对于一个出身在传统穆斯林家庭且处于社会底层的女孩来说,她面临的不仅是家庭观念的阻力,她还需要考虑今后的生计,考虑未来家庭对她这个爱好是否认可。

"我不知道我能做什么,或许我可以在网络上找一些舞蹈的视频,欢迎你有空的时候来我这里看。"

"谢谢你,我希望有一天我能和你一样,走出去和埃及以外的人见面,我想知道他们看我跳舞时会对我说什么。"

几个月后,我离开开罗,搬到了伊斯梅利亚。娜迪亚没有手机,偶尔我去开罗马阿迪区吃饭的时候会去找她,2013 年匆忙回国时,也没来得及和她道别,便彻底失去了和她的联系。如今我从埃及回国已 5 年,算来她也已走入了 20 岁的阶段。我一直希望她的故事能在未来的某一天生出一颗"彩蛋":当我再次回到埃及见到她时,她的长发依然飘逸,她的双眼依然灵动,她选择了自己最喜欢的路,真的站上了更好的舞台。

第二位女主角,是我在埃及结交的第一位朋友——科普特女生米琳娜。

我刚搬到开罗马阿迪区时的闲暇活动,就是认路、认房子。开罗的巷子排列不工整,长短横斜交叉在一起,像一个迷宫,加上很多楼的风格相似,导致我经常迷失在距离目的地很近的地方。一日,我又踏上了出门认路的"征途",无意间走进了米琳娜当时工作的书店。门口的迎客风铃响起,她从柜台后面站起来,很客气地站在收银台旁边和我微笑。我轻轻点头回应,然后慢慢悠悠地在书店翻看着书籍。因为马阿迪区是开罗的领馆聚集区之一,有很多外国人住在这里,这个书店的书籍也以英文、法文为主,只有少量的阿拉伯语书,所以当我发现一本讲"风水阴阳"的阿拉伯语书后很是开心,坐在沙发上翻看起来。她很客气地倒水给我,说:"这本书我之前就很感兴趣,但我没看懂。""哈哈哈,不要担心,因为我也不懂。"说完我们都笑了,从那以后,她工作的书店成了我在马阿迪区的第二"根据地"。

当知道米琳娜已经是 30 岁阶段的人时我有点惊讶,都说亚洲女性的面孔能骗人,但她的面孔也是个年龄的"骗子"。她大学学习的是艺术设计,但她有点固执,不愿意做批量产品的设计,所以干脆毕业后一边在书店工作,一边自己做手工艺品。自从她在书店工作后,店老板很是开心,因为书店老板再也不用费心思考各种节日的设计布置了,大到圣诞树、玩偶立牌,小到吸顶挂件、伴手卡片,全由她设计制作,独一无二。那时候,带旋转效果的星光投影夜灯刚火起来,书店老板想买一个放在儿童读物区吸引小朋友,但当时那款灯在埃及卖得很贵,老板只能悻悻放弃。于是她跑去卖灯的高档家居店里认真观察,几天后做了一个带到店里,儿童读物区的大灯一调暗,星光灯亮起,孩子们仿佛坐在天堂。老板开心得不得了,说如果不给钱就把这个灯放在店里也太不好意思了,于是以外面四分之一的售价买了下来。到了休息日,她会去开罗的一个特殊儿童福利院做志愿者,帮助那里的老师设计教学用具,同时为小朋友设计玩具、制作话剧表演的服装、装饰毕业典礼的小舞台。有时周末她会回到母校,去周围的设计用品店,买一些制作女性饰品的基础材料带回家,设计制作各种项链、手镯或者手包,然后卖给一些口碑较好的手工饰品店。

米琳娜当时的生活方式在我的眼里趋近于完美:所得即所求,不匮乏也不满溢。但她在家人眼里是个"问题少女",不,应该是"问题女性",因为她那时已经 32 岁了,却还没有结婚成家。

埃及女性的结婚年龄普遍较早。我在留学期间,一位同学一日突然抱着一个出生不久的小宝宝来我住的地方串门。原来那是她妹妹的孩子，她妹妹大三时结婚生子于是休学，因不想一再拖延毕业时间，所以只能带着宝宝参加考试，考试开始前把孩子交给我的同学帮忙照顾。我读书的时候，国内普遍不赞同本科生结婚生子，所以那日我实在惊讶，但后来发现其实我的很多埃及同学早已结婚。相较穆斯林女性，科普特女性的"大龄未婚"现象较为突出，因为埃及只有10%—15%的人口是科普特人①，而传统的科普特人只能和科普特人结婚，所以埃及科普特女性的婚配较为困难，加上男女比例的问题，科普特女性的婚姻选择相较于其他埃及女性的婚姻选择范围狭小了许多。其次，由于科普特教教义的规定，男女一旦婚配，教会一般不予判定离婚，所以一些新时期的科普特女性在婚姻问题上更加慎重，女性高龄结婚甚至不婚的现象逐渐增多。在这样的大环境下，科普特女性的婚配问题的确让长辈焦虑，她们的相亲对象也已不再局限于埃及国内的科普特人群，甚至有定居美国、英国的科普特人回国寻找另一半。虽然有这些现实困难摆在那里，但在这个重视婚育的国家，大龄未婚的女性仍然会受到来自各方的压力和困扰，甚至会面临一些流言蜚语。米琳娜和她的妈妈就面临着很大的压力。

一日，我兴冲冲地拿着新买的指甲油去米琳娜家，进门便发觉气氛不对。她悄悄告诉我，她拒绝了家中新给她介绍的相亲对象，妈妈很生气，介绍人舅妈马上也到了，一场暴风雨要来了。我安慰她：没事，我坐在你妈妈旁边，我会帮你说话的。但我高估了我的能力。几分钟后舅妈上楼来，两位长辈坐定后开始轮番发话：为什么要拒绝继续见面？生活是实际的，不可能

---

① 　关于科普特人占埃及总人口的比率，不同机构的数据差异较大，数值基本在5%—15%之间。此处采用埃及金字塔报2017年公布的数据。

方方面面都能如意,我们千挑万选,选出这个人介绍给你,怎么会不合适呢?……当时,是我二十几年的人生中第一次面对这样的场面,而且对话还是全程使用埃及方言。我全力在脑中搜索单词组织语言,但我的反应根本跟不上两位长辈的语速。发问完后,米琳娜不再说话,我能感受到每个人的怒气和焦虑。她妈妈突然转向我,让我劝她不要再倔强了。但听完我发表的与米琳娜站在一起的言论后,她把我也禁言了。

晚上我和米琳娜坐在床上互相涂指甲油,我逗她开心说:"你不能被妈妈她们轻易说服了哦,你要是这么快结婚,我都没人一起涂指甲油了。"

她笑着说:"哪怕我过几天找到那个人了,我们也有我们的lady's day,lady's night。"

"不错,你还是期待爱情的。"

"我相信上帝会给每个人找到那个相爱的人,只是我的还没有出现。也许我的专业对我的认知方式有影响,我无法像做数学题一样清晰地列举合适和不合适的原因,但我和每个人在一起时的感受是真实的。我有想过像妈妈说的那样去适应别人,但我最终没有坚持下来。妈妈一个人供养我们上学很辛苦,我不会让她付出那么多只是为了让我找到一段看起来合适的婚姻。在福利院的工作几乎是无偿的,但孩子们很开心,我也很开心,你知道我做那些并不是为了逃避。我不喜欢批量生产的东西,所以我也没法在一个类似批量生产的婚姻生活里坚持下来。"

那日以后,母亲、亲戚的催促还是会偶尔扰乱米琳娜的心情,我也曾陪着她继续去相亲,我们还是会在一起聊天,然后相互鼓励——我鼓励她坚持自己的生活和选择,她鼓励我坚持读那些似乎永远也读不完的书。聊完天,她会继续背起包包,坐上地铁,或者去福利院为可爱的孩子们做手工,或者去扎马雷克岛买饰品材料,努力为自己坚持的生活积累资本。即便我回了国,我们还是保持着频繁的联系,她后来辞去了书店的工作,在一所国际小学做美术老师,但她在福利院和教会的志愿工作始终没有放下。

2016年寒假的一天,我们聊天时,我像往常一样先开口讲我身边发生的新鲜事,然后她告诉我:"我恋爱了,我想,我会结婚。"

"天哪!为什么现在才讲!你竟然能听我啰唆了那么多!"

我真的为她感到高兴。在她为自己心中的生活坚持了38年后,这个既柔弱又坚强的女生等到了也如她一般善良、豁达的爱人,他会陪她去采购制作话剧服装的材料,在小朋友们演出话剧时,他也会去福利院的小礼堂为可爱的宝贝们鼓掌。很可惜我没能去参加他们的婚礼,她发给我婚礼的照片和视频,让我一起感受她的幸福和快乐。她说原本她的爱人不想在婚礼上化妆,但妈妈坚决不同意,因为"得留张没有皱纹的结婚照"。照片里的两个人目光柔和,眼神坚定,在他们各自人生的前30多年里,他们都不曾为婚姻委屈自己的价值理想,也不曾让单纯的爱情被现实挤压。更重要的是,在埃及男性成员仍占家庭主导地位的今天,她的丈夫能够接纳她的生活观、价值观,尊重她的选择。在他们的爱情里,他支持米琳娜更好地完成自己的社会角色,米琳娜不仅是他的妻子,还是令他骄傲的教师、善良的社会志愿者,他们一起为30岁阶段写下了共同的人生标签。

第三位女主角,是一位气质优雅的穆斯林女性。

在埃及的第一个暑假,我得到了一份家庭汉语老师的工作。当得知对方是一位40多岁的女性时,我以为她一定是位住在马阿迪区的悠闲富太太,只是没事想挑战一下中文罢了。上第一次课时,我按照地址找到她家,果然那栋楼周边的绿化档次比普通街区高多了。我第一眼见她就被她的气质吸引。埃及人喜欢甜品,所以很多埃及人都体形偏胖,特别是中年人和老年人。而她不一样,她的身形虽谈不上健美,但恰到好处,脸上的轮廓利落清晰,看起来是个很干练的人,深深的眼睛和优雅的嘴角一直挂着和善的笑容,说话也清晰柔和,不似其他埃及人那样有极快的语速。她的家里没有一般埃及人喜欢的富丽家饰,而是以深色木质家具为主,软装和配饰都是极有地域特色的饰品,淘到这些饰品必然费了不少功夫。我到的时候,她已经提前准备好茶水、水果和自己制作的小甜点,这些诱人的小东西和她上课用的书本摆放在一起,从门口看去,像一幅构图考究、配色雅致的油画。

开始上课后我发现,她已经有一定的汉语基础了,只是想让自己的发音语调更标准、用词更丰富。给她纠正发音时她很认真,一遍遍地练习,看起来是个对自己有极高要求的人,并不是我起初以为的那样,是个"闲来无事"的太太。在她家的几次授课过程中,我只看到了她帅气的儿子,没有见到其他任何人,我以为她丈夫一直没有出现,是和其他传统穆斯林家庭一样,为了避免陌生异性的相见。后来我在马阿迪区住久了,和她也有了共同的朋友,"教"和"学"之间那道客气的界限也一点点被打破,那时我才知道,她的丈夫一直没有出现是因为他们离婚了。

西方世界批评阿拉伯国家时,一个绕不开的话题就是穆斯林女性的权益问题。那些常被提起的问题,归结起来就是女性没有自主选择权。这里涉及的"选择权"范围太过宽泛,有的也许无可置疑,但有一点是伊斯兰世界极为不认可的,那就是其女性获得对婚姻生活是否继续的选择权早于西方世界,穆斯林女性是可以选择离婚的。虽然早已知道这一点,但我并没有把"离婚"与现实的穆斯林女性结合起来。因为在很多阿拉伯国家,女性自主经济权利的建立的确有很大阻碍,况且,"离婚"这个词,在很长一段时间里,很多中国家庭都需要时间去接受,所以在知道她离婚以前,在我的概念里,"离婚"在阿拉伯国家只是一种理论上的可能。

当慢慢知道她的故事,我对她的敬意也在增多。她并不是开罗人,自小在坦塔长大。坦塔位于尼罗河三角洲,交通便利,虽然不似开罗和亚历山大那么现代化,但也并不如其他城市那样闭塞。埃及共和国成立后,前文中提到的那些埃及女性为了争取更多的平等权利,付出了令人敬佩的努力。但自萨达特时期开始,主流伊斯兰教的力量在日益增加,最明显的例子是对女性着装要求的增多和对女性社会角色的控制。20 世纪 80 年代的埃及,国家经济和主流观念都希望妇女从工作岗位退回家庭生活,再次进入与社会保持距离的状态,这股势头威胁到埃及女性在长期性别平等斗争后得来不易的成就。① 但很多女性坚持工作,最终,职业女性对家庭经济的贡献和她们保持财政独立的决心,一定程度上抵挡住了当时的那股压力。当时只有十几岁的她也清晰地感受到了发自女性的强大社会力量。

20 世纪 90 年代,她进入大学,毕业后没有参加工作,而是直接嫁给一个做导游的男人并随他来到了亚历山大。由于她本就喜欢历史,加上丈夫工作的原因,她也对埃及的历史和各景点的故事产生了了解的欲望,婚后本应当全心全意在家帮婆

---

① 詹森·汤普森:《埃及史——从原初时代至当下》,郭子林译,商务印书馆 2012 年版,第 347 页。

婆照料大家庭的她,开始有了一颗蠢蠢欲动的心。当时由于受到极端恐怖主义的几次袭击,埃及旅游业受到重创①,在断断续续中艰难恢复,丈夫的工作收入也时好时坏,她希望自己能走出家门,和各国的人交流,给他们讲埃及土地上的历史,也为家里增补一些收入。但是鉴于当时的安全环境,她的愿望没能实现,她的心愿只能一次次落在看向窗外的目光里,但她没有放弃看书、做笔记,依然为有一天能实现自己的愿望而准备着。

　　进入新千年,在穆巴拉克政府打击极端主义、大力推行一系列经济改革后,埃及社会安全系数上升,旅游业迅速升温,本就是旅游大国的埃及迎来了更多的游客。这时她再次向丈夫提出了她的想法,但他仍然不同意。丈夫的工作越来越忙,收入越来越高,后来也做起了小老板,但她的状态却越来越差。有一天,她下决心要改变自己的处境,于是坚决选择了离婚。她并没有告诉我离婚的导火索到底是什么,我不知道当时的她是否受到了感情上的伤害,也不知道在埃及家庭对男嗣如此看重的情况下,她是经历了怎样的抗争才拥有了对儿子的抚养权,但当她说起那时她的决定时,声音虽一如既往地轻,语气却前所未有地沉。

　　离婚后,她带着孩子,先在亚历山大积累做导游的经验,之后来到开罗,继续努力赚钱,成为埃及导游圈里小有名气的人,后来在马阿迪区贷款买下了现在的房子。在我与她几个月的交往中,她始终没有提起过离婚后独自带着孩子生活的辛苦,

---

　　① 20世纪80年代末至90年代末,埃及发生多起恐怖主义袭击事件,其中影响最大的是卢克索恐怖袭击事件。1997年11月,多名恐怖分子从卡纳克神庙两边的山谷冲出,向正在参观的游客开枪射击,造成58人死亡的惨剧。虽然当时穆巴拉克政府对事件制造者穆兄会团体进行了严厉打击,但埃及旅游业仍然遭受了重创。

她想到的都是自己的成就和孩子的成就。"离婚后我和他还是在经济上一起抚养孩子,他给我们儿子上国际学校的钱,但我更是孩子的妈妈,孩子的爱好培养和其他开销由我支付。"她很感谢她的母亲,虽然当初在她决心离婚时母亲也曾极力地反对,但最终还是默认了她的选择。她刚到开罗工作时,她的母亲也来到开罗,帮她照顾儿子的饮食起居。她的儿子阳光开朗,有着和她一样让人舒畅的笑容,我们认识时,她的儿子即将从国际学校毕业,开始他的大学生活。

在我结束开罗的生活,搬回伊斯梅利亚前,马阿迪区发生了一件轰动开罗的事。一个年轻的妻子想要离婚,却被娘家和婆家极力阻止,家人将她关在屋里,最后她选择从楼上跳下。虽然经过抢救保住了性命,但是她的腿部失去了知觉,她的家人找到在马阿迪区的中医大夫,给她进行日复一日的针灸按摩,希望能让她重新站起来。这个事情在当时传遍了开罗,毕竟,离婚在埃及仍然不是一件小事,而如此决绝的反抗更是让人唏嘘。我和她聊起这件事时,她很惋惜地说,太傻了,沉默了几秒又说,我太幸运了。

她将她自己的人生定义为"幸运",是啊,那波埃及旅游业复兴的浪潮给了她梦想中的工作机会,母亲无声的支持给了她此生"最大的帮助"。但如果没有她长期以来的积累和准备,她或许没法坚决地做出离婚的决定;如果没有她认真努力做事的劲头,她也无法赚到在开罗独立买房的钱;如果没有 20 世纪中后期一位位坚守工作没有放弃的独立女性,她更无法说服自己的家人接受自己"叛逆"的决定。所以这个"幸运"的生活,并不那么"幸运",没有曾经的积累和付出,就没有当下的选择和获得。

这三个故事,是现代普通埃及女性的故事,其实很多时候大多数埃及女孩和我们一样:20 岁的女生渴望实现梦想,但也明白有必须面对的困难;30 岁的女性渴望踏实稳定,但也懂得需要积累和坚守;40 岁的女性希望借时光增添优雅,可生活不会波澜不惊。每一位女性的个体生活都有遗憾、有平静、有离去、有守护,她们不奢求生活一帆风顺,但也努力做到庄重自强、不负自己。

无法回避的 "Me Too"

也许有人会说,埃及妇女的生存环境不是在近年被媒体点名批评过吗? 是的,埃及的女性问题掺杂了太多的因素,有太多的透析角度,我们无法将这个问题在一两段文字中阐明。不论近年来媒体的报道是否有夸大的成分,不可否认的是,要解决埃及女性社会生活环境的改善问题依然任重而道远。在 "Me Too"运动又一次引起人们对女性安全问题关注的今天,很多人第一次认识到全球女性遭受性骚扰问题的严峻程度。

开罗地铁女性车厢指示牌

而在埃及革命后,埃及女性的社会安全问题更受瞩目,单身女性在埃及遇到性骚扰的概率上升了,在某些偏远的地方甚至极为严重。

造成这个现象的原因较为复杂:很多时候遭受骚扰的年轻女性因羞耻或害怕毁掉自己的声誉而缄默,让施暴者更加胆大①;加上在埃及的保守地区,女性的一些穿着或行为会被认为"不得体",这种观念也成为施暴者推卸责任的常用借口。② 特别是埃及经过革命动乱后,失业比率不断上升,令这里的社会安全系数大大下滑。加上革命后国家武装力量屡遭质疑,执法体系的执法能力降低,女性在社会生活中的安全和尊严受到威胁的比率也就居高不下。

令人欣慰的是,埃及政府近年来已公开表态,并多次采取措施,维护女性的社会安全。埃及政府将 2017 年设为"妇女年",并组建了埃及"全国妇女理事会",启动了埃及"2030 年妇女赋权战略",作为未来妇女事务的行动计划。③这些,都在逐步为埃及妇女的生活和生存创造更好的社会条件。

女性生存的社会环境改善,需要政府的力量,需要社会的改变。但在这些外部因素以外,有一点我们不可以忽视,那就是无论社会如何变化,埃及妇女都在为实现自主选择命运而做出一次次努力。前文中提到的这些女性,不论她们的社会地位如何——女王、行业引领者或是普通百姓,也不论她们故事的社会效应如何——拥有绝大功绩、成为时代标杆或是无人知晓,她们每个人的选择都在改变自己的历史。在历史的长河

①　http://www.sohu.com/a/216941749_100033236。

②　http://news.cri.cn/gb/42071/2014/03/28/882s4482783.htm.

③　http://ncw.gov.eg/wp — content/uploads/2017/04/womens — stratagy.pdf.

中,一个人的一生微小如尘,但对于一个人的人生标尺来说,每一天的选择都是一道清晰的刻度。不论在古代埃及、独立浪潮时期、全球"Me Too"运动兴起的今天,抑或是未来任何一个时期,我们都无法判断哪个才是"最好的时代"。每个时代都有印迹鲜明的痛处,但不管时代赋予埃及女性怎样的环境,她们自己内心的渴求才是女性运动最重要的动力,她们的选择才是埃及社会最宝贵的财富。

生活剪影

认识一个国家的文化有很多种方式,可以读关于那里的书,与那里的人交朋友,去那里旅游或者生活在那里等。不同的认知渠道,会带给我们文化的不同侧面,而或长或短的交流时间,会展示出文化不同的深度。就像地层学考古,一个礼拜的游览、三个月的交往或是长久的生活,因文化积淀而产生的土壤颜色变化是不同的,我们看到的沉积厚度也不同。每个堆积层,都是由一颗颗土粒组成的,每颗土粒都是一日生活的剪影,而每日的生活剪影中,都藏着意外的细节。

黑车,白车

初到开罗时,先于我到的同学热情地向我普及埃及生活小常识。第一次打车时,朋友站在路边告诉我,埃及打车有黑车、白车之分,黑车一般不用计价器,路程费用要和司机协商,"懂的话蛮省车费";另一种车是白车,有计价器,按照计价器显示的价格付款。当时正值开罗4月的正午,路上车不多,我看着被太阳晒得明晃晃的路面,觉得所有车都闪着白光。虽然30多摄氏度的天气让刚到埃及的我无精打采,但我心里还是觉得有趣:在埃及的同胞们真幽默,"黑车"对"白车",讲究。这时,一辆黑色的车停在我们面前,司机伸出头问我们要去哪里,朋友开始熟练地和他讨价还价,看着车顶和车身上白色的字"出租",我忽然清醒了:什么?"黑车"真的只是黑色的出租车?

　　是的，"黑车"真的只是黑色的出租车，"白车"真的只是白色的出租车，与国内的"黑车"含义不同，埃及的出租车分类就是这样简单直接。"黑"和"白"，只是人们在单纯地描述一个事物的外表，并不会在生活中做过多的延伸，在埃及待久了，我发现很多时候，埃及的很多事情都可以简单、直接地用一个词和它的反义词概括全部，不同于中国。在这里，处于中间过渡带的部分，反而稀有，而他们也不介意一个事物同时融合两种极端的表现，似乎任何矛盾的双方都是可以和谐共存的。

　　我带着这个令人"惊喜"的发现，想从埃及历史中寻求答案，古埃及神话的"二元论"似乎解决了我的一部分困惑。一般而言，一个国家大多数的神话人物或神祇，他们身上都集中了某种或各种优异品质，正能量满满。当然，古埃及神话中的神大多数都是善良、亲切的，但在古埃及人"二元论"观念的作用下，这些神在面对不同的情况时，会表现出与其通常定位相悖的特性，而这些特性往往能被人所理解，似乎古埃及人并不在意神是否符合人们认定的伦理标准。①比如在奥西里斯神话中，伊西斯是忠贞不渝的妻子和不畏劳苦的慈母，不仅会保护亡灵，也施惠于众生。但另一方面，为了要挟太阳神认可儿子荷鲁斯的正统王位，伊西斯变得狡黠、富于心机：她用通灵眼镜蛇让太阳神中了蛇毒，继而提出若要解毒，就必须同意自己提出的要求。这种二元对立统一的属性在其他神祇形象上也经常出现，例如太阳神的女儿赛克美特（Sekhmer）拥有七重形象，她可以是备受古埃及人崇拜的圣猫，也可以是嗜血凶残的母狮。

　　或许因为受古埃及文化的影响，大多数埃及人不太掩饰自

---

　　①　杰拉尔丁·平奇：《埃及神话》，邢颖译，外语教学与研究出版社2013年版，第186页。

己的性格和情绪,通常会直接地表达,除了女孩子在拍照时会程序化地控制表情,其他时候似乎无须控制对周围人和物的好恶。不光在表达情绪上如此,很多时候,一些埃及人在提问题、提要求、提建议时,除了程式化的客套话,也会直接地表达自己的想法。因为不管是好还是坏、要求正当还是无理,这些矛盾的两种表现都可以自然地存在于一个人身上,并且也是能被理解的。当然,对负面的言辞和要求,大多数埃及人也会有负面评价和不满,但总体而言,人们对性格和道义的好坏表达都更直接。

所以在埃及,你经常会感到两种极端的状况:直白的"善",露骨的"恶"。你在街上迷路时会遇到好心的埃及人,在烈日和尾气的包夹下,带你找到所要去的地方,一路上,他会一直客气地与你保持距离,避免让你感到不安;又或许,你原本习惯了在异国保持警惕,但听到那些温暖的故事后决定放下戒备,像旅行指南上建议的那样,接受路人的邀约,在开罗的咖啡馆里畅谈聊天,可你最终发现,他只是要骗你去他当"托"的香水店,而你喝咖啡付的钱也比别人多。所以很多时候,这里的人际交往都有点"横冲直撞"的意思——不论"好""坏"都不会过多掩饰,"中庸之道"在埃及似乎鲜有市场。但相较于直截了当地表达自己的想法,很多人在做承诺时又会留给自己很大的变化空间和可能性。做承诺很多时候确是一件被动的事,特别是当实现这个承诺涉及相关方越多时,时间会拖得越久,但也不排除人们心中对"做不到"所持有的宽容因素。

这些令人费解的矛盾,在埃及社会的其他方面也戏剧化地存在着。提起阿拉伯人,很多人都会联想到"慢"和"不守时"。其实在我看来,"慢""不守时"很多时候是一种主观行为,但埃及的"慢"和"不守时"有其文化因素和客观因素。在埃及的

"慢"社会里,却有两件事情极快——女人讲话的速度和男人驾车的速度。埃及女孩子见面总有说不完的话,闺密间的聊天速度堪比速报员的语速,若想练习埃及方言的听力,最好不过的方法是找两个埃及女孩,然后听她俩聊天;在埃及有很多私人注册的中、短途小巴士,一般能载 7 人或 14 人,这种巴士行驶速度极快,乘坐时经常会体验到"飞行"的感觉,中国留学生们形象地称之为"7 人飞"和"14 人飞"。这看似普通的两件事,其实精准地体现了埃及社会中决定"速度"的两个因素:个人情绪表达的需要和缺乏制度制约的结果。埃及人表达自我的意愿很强烈,他们聊天时的情绪、语气和肢体语言极为丰富,他们习惯在聊天中通过语速变化表达自己情绪的变化,因此在有情感表达需要的时候,埃及人不论是在讲话还是在对他人的要求上,都不愿过多"等待"。至于车速,是因为埃及道路上缺少红绿灯和车速监测设备,很多时候对车辆的处罚仅依靠交警目测,很多路段甚至没有交警约束,因而对"车速"的控制也没有完善的体系和明确的制度。对"慢"缺乏机制约束同样体现在政府办事效率上。埃及以往的很多行政制度对办事期限没有明确的时间要求,或要求很宽松,办事人员缺乏制度约束下的"时间把控能力",这导致很多初到埃及的人会觉得"拖延症"似乎在埃及普遍存在。但其实,这都是主观文化因素和客观制度因素共同作用的结果。

2011 年后,埃及社会发生了很大变化,为了改善外商对埃及办事拖沓的印象、更好地吸引外资,塞西政府从多个方面进行改革,以提高政府办事效率。政府的导向加上经济疲软的压力,人们从曾经习惯"律他"逐渐懂得"律己",新一代埃及人的转变更为明显,因为他们的就业和生存压力更大。"黑"和"白",依然是埃及社会的两种状态,居于中间过渡带上的人依然少有,但这两种矛盾之间的距离变短了。任何一个民族都不必改变自己及社会的特质,这是一个民族区别于其他民族的印迹,但随着时代和社会的发展,每个成长中的个体和社会都需要不断学习,学习如何控制不符合时代发展的民族特质对现实生活的影响。关于这一点,不论埃及人民还是我们,都仍在学习的路上。

在另一个城市生活

初到埃及,当汽车离开开罗国际机场驶上外城公路时,眼前的景色立马从现代化的建筑变成了褐黄色的土山。不多久,眼前突然出现一片用砖墙整齐围砌起来的“小区”,沿着公路边的沙坡依势而建。“小区”里密密麻麻地建了很多小房子,高矮不一,各有风格,每栋小房子都单独占着一小片地,一个连一个地整齐排列在围墙里。所有房子朝向公路一边的铁门都紧闭着,有的生锈了,有的则颜色鲜艳,显然刚修葺过。在土黄的背景下,这个“小区”也显得土土的,甚至有点荒凉。看我盯着窗外,来接我的朋友说:“这是‘死人城’。”我的呼吸停了两拍,这,是我第一次看到“死人城”。

到开罗后不久,我曾无意间路过位于爱因山姆斯区的开罗最大的“死人城”,靠近“死人城”的街道车声嘈杂,进入“死人城”后,却几乎没车没人,只有偶尔晾挂在墓地里的衣服提醒我这里有人居住。但这个位于开罗市区的“死人城”似乎比开罗城外的“死人城”更荒凉,我无法忍受心里的压抑感,于是转身跑回另一边,宁愿被淹没在嘈杂声里。但对于很多来开罗游玩的人来说,“死人城”会是他们游览过程的一部分,因为在各种版本的旅游导图上,几乎都清晰地标注出“The City of the Dead”,这个吸引眼球的名字也吸引着外国人来到那里,一窥未曾感受过的文化现象。

"死人城"其实就是墓地。人们规划出一个"城",把去世的亲人安葬在这里,墓地修建初期或若干年后,由后人在墓室上面修建缩小版的房子,有门,有窗,还有墙面雕饰,就像平常屋子一样,只是由于依墓室占地大小而建,空间狭小了很多。"死人城"的来源最初可追溯到公元7世纪穆斯林征服埃及初期,当时负责修建伊斯兰化埃及首都的阿拉伯军事指挥官在如今开罗的穆卡塔姆山下划定了一个家族墓地,并将土地分给各部落以建立专有的墓园。到法蒂玛王朝期间,一些朝圣者来到开罗的墓园,朝拜先知家族,当时的掌权者为了满足朝圣者的需求,将墓地和城市圈为一体,并建起宫殿和清真寺便于进行纪念和宗教活动,自此,这些墓园与城市逐渐融合。随后的马穆鲁克王朝统治者因为崇尚军事,在开罗东北部开辟了一个名为"撒哈拉"的新墓园,在这一时期,这个墓园除了保有传统的丧葬功能和宗教庆祝功能外,还是一个举行如军事比赛、授权仪式等军事活动的场所。虽然不同时期墓园的风格各不相同,每个人的棺木及地面上房子的建筑风格和装饰程度,依财力和地位不同略有差异,但大多建造得颇为气派,因为这是上流社会印刻功绩、炫耀荣耀的象征。所以,最初的"死人城"其实是达官显贵的墓园,他们雇用专门的守墓人以及负责丧葬仪式的专业人士,如打理生者的院落一样,照料这一座座亡人的"城"。

公元16世纪初的奥斯曼帝国时期,埃及变为这个庞大帝国的一个省份,在接受奥斯曼帝国统治的3个世纪中,管理过埃及的帕夏虽然达100多位,但历任帕夏任期都较短,只有少数人在埃及修建有坟墓。加上在这一时期,埃及经济模式的改善导致埃及新社区的诞生,旧式墓地的使用大大减少,埃及的"高级"墓园规模逐渐缩小。

至 19 世纪,埃及开始现代化后,埃及的社会阶层发生了较大的变化。埃及的城市化进程,让很多农民从乡下来到城市,来到开罗。这些城市新移民没有好的住所,所以位于边缘地区的"死人城"多次成为安置新移民的去处①。从此住在"死人城"里的人,不再是世代留守的守墓人,这里从历史上的贵族阶层墓园,变为活人与死人共处的"城"。20 世纪 60 年代纳赛尔担任总统期间,城市化的加速和开罗及其周边地区的工业现代化,导致开罗再次出现大规模的移民,"死人城"再次成为安置这些人的去处。特别是在 1992 年开罗地震之后,一些失去房屋的人被迫搬入了自己家族的墓地,在祖先留下的小屋中,和地下的人一起生活在这个城中"城"里,因此,生活在开罗各个"死人城"的人就更多了。为了改善住在这里的人民的生活环境,政府逐步给"死人城"通了自来水和电,这里也逐渐有了公共交通、清真寺、小商铺甚至休闲场所。但在这里居住的都是低收入家庭,这里依然是开罗社会最底层人民聚集的地方,是开罗城的贫民窟。这里曾经有最辉煌的记忆,也有如今最真实的写照。

如今的开罗,散落着面积大小不等的数十个"死人城",有七八个形成时间较早,在一些形成较晚的新"城"里,每当埃及传统的惠风节和亲人祭日,逝者的家人都会带着餐食来这里,放上鲜花,和地下的人一起度过一天。对于埃及人来说,这只是一种习俗,可我依然不愿去多想"死人城"这个词。"死"在中国传统文化中有很多的忌讳,它代表了太多的情绪:神秘、敬畏、沉重、恐惧、立功、立德、杀身成仁、舍生取义等。在我的心

---

① 　Sims，David. *Understanding Cairo：The Logic of a City Out of Control*. Cairo：The American University in Cairo Press，2010，p. 23-24.

中，"死亡"代表了两种极端情绪：一种来自很多历史人物的离去，他们的离去是正义和理想道德的升华，也有一些文学作品中的角色，他们的离去延伸了自己对生活、对命运的美好愿望，这些"死亡"的重量无法衡量，虽然悲伤，但带给后来人以光明；另一种情绪则来自自己的感受，亲人的离去特别是外婆的离去让我无法释怀，不论回忆或是梦境的开始有多美好，结束后心痛总是久久无法散去。因此，"死亡"在我的心里没有过渡带，不是中性情绪，是与"生"无法和谐共存的词。但在埃及文化中，死从来不是灰暗、被回避的话题，他们认为墓地是生者生命的一部分，是"生"的开始，"生"和"死"可以自然转换，不必分家。虽然我知道"死人城"在埃及很多城市中普遍存在，我也明白自古埃及起这种"豁达"的生死观就已扎根在埃及人心中，可我还是本能地回避它、远离它。虽然"生"与"死"的文化碰撞，最终还是成为我在埃及一直躲避却"没能"躲过的，但那次的碰撞，却成为我对"死亡"释怀的开始。

与朋友米琳娜逐渐熟悉后，她和她的妹妹带我去了很多不为游人所知的地方。一日，我们一起坐在尼罗河边的圣玛丽教堂，看着尼罗河上的夕阳，靠在路灯上看书的人，还有排练完节目、脸带彩妆的可爱小孩，这一切给刚到开罗还在适应燥热气候的我带来了巨大的平静。于是她们问我，你真的喜欢来这种安静的地方？那这周末我们带你去老开罗的教堂吧。在这之前，我已经以一个纯游客的身份逛了两次老开罗，也就是科普特开罗，按照《孤独星球》的指引，我夹杂在一群群西方游客中逛遍了书里写的每一座教堂，所以心里并不对周末的约定有太多期待。

周五她们接到我，车沿着繁华的尼罗河沿河大道一路向北，按"科普特开罗"指示牌下高架桥后，路两边突然不再是或高或矮的喧闹的居民楼,而变成长长的砖墙,完全没有我前两次来科普特开罗时的喧闹。转眼间车开到一扇大门前,而这扇大门正是那条长长的砖墙所圈起的建筑的门。"我们要去的是'死人城'里的教堂!"那天是一个阳光灿烂的日子,可明白的瞬间我僵在了车里,眼前的阳光都好像隔了一层雾气,朋友们说话的声音也变得朦胧而遥远。她俩告诉我,要进入这个"死人城"和里面的教堂,需要证件,只有科普特人才可以进去,于是我更加紧张地看着路边一个个微缩的屋子,觉得自己是不被欢迎的。

车拐过几个巷道,停在了教堂的大铁门前,我原以为要进入的是一个安静、气氛压抑的教堂,但门开的一瞬间我却感觉像陶渊明来到了开罗的"武陵源":里面小孩子们哭的笑的跑的跳的,你追我打,散满了整个院子;花坛里大树下男人们坐着喝茶聊天,妈妈们则不时抓住飞奔玩闹的孩子迅速在他嘴里灌一口水。站在门口的我如掉进了另一个世界,之前无声的灰色情绪突然转为五彩斑斓的快乐。很难想象先前让我紧张的静谧其实就在一道门外,我没有想到这样一个小小乐园竟"藏"在"死人城"里。我跟着朋友和院子里的人打招呼,参加他们的课程和志愿者老师们的茶歇。科普特开罗的很多教堂及弥撒仪式,是对游客开放的,但在一墙之隔的"死人城"里,他们保留了一片完全属于自己的天空。来过科普特开罗的游客也许很少有人知道,《孤独星球》上科普特开罗地图的尽头才是真正科普特开罗的开始。

傍晚,人们陆续离开,一直守在教堂门口的小男孩热情地邀请我去他家。是的,他的家就在这个"死人城"里,他的屋子基座是个有两三节台阶高的石墓,屋子保持着"死人城"屋子的共同特点:小小的窗,窄窄的门。屋里摆着简单支起的两张床,墙上架了很多木板,分层放着各种用品和小电视机。他告诉我说:"这屋下面是我太爷爷,我爸妈住在对面,下面住着我爷爷。"听到这句话的一刻我全然放下了心里的不适。在开罗,生前能买到一块墓地并盖起自己百年后的住所,是极好的。每个人都希望自己的后代生活得比自己好,当他的后代真的住进了自己的墓地,他们也会开心吧,因为他们从生到死都有贡献,死后还为后代留了一个栖身之所。

晚上和米琳娜聊天,我告诉她初入"死人城"时的紧张,我问她:"你从小就经常去这个被墓地包围的教堂,难道就从来没有怕过?"她说:"有过,但不知道从什么时候,我很快明白了这并没有什么。在那里,地下的人只是从我们的家搬出去了,大家还是都生活在这个城市,只是住的地方不一样而已。活着和死去,只是换了个住所,没有理由害怕。"

她的话瞬间化解了自外婆去世后我的不解、悲伤和懊悔。我用了几年的时间,让关于外婆的梦从哭泣变成回忆,可是我始终接受不了她的离开,甚至责怪她为什么要离开。朋友的解释让我突然明白,我们的亲人没有离开,只是住在了别处。所有住在死人城里的逝者都是一样,他们都有所爱的家人,都拥有过不舍的感情,所以他们的家人把逝去的他们依然安葬在这座城市,告诉自己,也告诉离开的他们,没有人走远,也没有人离开,他们只是搬了次家而已。

人人都爱夏奇拉

马娜娜是我在埃及的同学、班长。我在埃及读书的第一天,我的老师带着我径直走到她身边说:"她叫马娜娜,是你的班长,以后学习、生活上有问题,你可以找她帮忙。"于是我和她彼此十分客气、十分套路地进行了一番寒暄,我尽我所能地表达了多种"感谢",她十分配合地表示了更加丰富的"不用谢"。日后我们聊起我们的第一次见面,才发现我们对彼此的初见印象都不咋样:她当时表情严肃,又比我高出很多,让我很有压迫感;而她觉得我看起来又弱又小,很怀疑我是否能读到毕业。

然而,我们很快成了朋友,因为每次上课我和她总是前两个到教室。这不是因为我俩刻苦,而是因为老师上课会晚到一些,其他同学也会晚到,而我习惯了上课前到教室,她则是认为各种改变要从埃及新一代青年做起。生活中的她也有些固执,一次,早到的我们坐在靠近楼梯间的教室看书,安静的楼层里隐约传来说话声,她突然警觉起来,带着我循声走到楼梯间。楼梯间和教室楼层有道隔门,当她确定声音是从里面发出的后猛地打开了门,原本一上一下坐在楼梯上聊天的一对男女学生吓了一跳,惊恐地看着突然闯入的我们。我连忙道歉,但马娜娜同学开始了严厉的批评。过去,在一些保守的伊斯兰国家和地区,男女青年间的约会需在长辈监督下进行,但在埃及,男女正常交往早已没有过多约束。"人家一上一下坐着,也没做过分的事情。"我说道。"那也不行,交流就得把门打开,这可是学校,况且要是让老师看到,成何体统?"我无言以对,心想,这真是个严肃保守的女孩。

几日后,我们又在一起等上课,无聊的我听歌打发时间,她问我在听谁的歌,我忐忑地回答道:"夏奇拉①。"她突然兴奋地说:"哇哦,看不出你也喜欢夏奇拉!"这下换我惊讶了,我以为严肃固执的她不会接受风格张扬的拉丁女歌手。"你也喜欢她吗?"我问道。"当然! Everybody loves Shakira!(人人都爱夏

① 夏奇拉(Shakira):哥伦比亚歌手,以创作、演唱流行拉丁风格的歌曲而著名,其歌曲以英文和西班牙语为主,曾多次获得格莱美奖及拉丁格莱美奖,被称为"拉丁天后"。

奇拉!)"

　　每当说起阿拉伯人和伊斯兰教,很多人的固有印象是神秘、严肃加无趣。我曾在课堂上问我的学生们,人们为何有这样的第一印象?他们回答:"阿拉伯人无论男女都穿着长袍,感觉很死板,不会有像我们一样丰富的爱好和生活吧。"其实当你来到这里,这里的生活会改变一些固化印象。伊斯兰教只是埃及穆斯林对世界、对万物的理解方式,它在某些方面约束人们后天的行为,但不代表会改变一个民族先天的性格。埃及90%的土地是沙漠,尼罗河沿岸的耕地养育了绝大多数埃及人,埃及人懂得从"没有生机"的环境包围中取得收获的可贵,任何欢乐的事情,无论大小,都会在埃及人的生活中被放大,这种"乐天派"的无忧无虑即使在最艰难的动荡时期,也不曾在埃及人身上完全消失。同时,埃及大多数地区属于热带沙漠气候,即使是地中海沿岸的城市,冬日温度也常在 20℃左右。一年中大多数日子,白天的气温较高,所以人们在白天习惯了尽量以"静态"躲避高温和流汗,而到晚上,温度下降,"静态"怎能表达凉爽的风带来的愉悦感?因此,动感的音乐成为人们表达心情的最佳途径,这或许是"物极必反"的另一种表现吧。

　　所以,埃及人的娱乐生活并不如我们理解的那样乏味。这是一个天生爱音乐、会跳舞的民族。古埃及人留下了带有他们特色的音乐,在随后的发展中,任何节奏欢快的音乐都是埃及人学习、吸纳的对象,所以我们在现今的埃及音乐中,除了能感受到传承至今的文化特色,也会时不时找到"异域"的味道——同样欢快的印度音乐也曾影响这里。随着文化交流的深入,不同国家、不同风格的音乐越来越多地传入,埃及的音乐人始终保持着学习、融合的心态,这就不难理解为什么欢快的拉丁风格歌手夏奇拉会在阿拉伯国家如此受欢迎,以至于她在迪拜的演唱会门票一票难求。埃及现今的音乐种类十分丰富,你可以在水烟馆听到堪称阿拉伯世界"音乐教母"的乌姆·库勒苏姆[①]悠长、低沉的吟唱,也可以在出租车上听到夜间迪厅风格的阿拉伯"快摇"曲目;你会听到赞颂月亮、赞颂美好的宗教歌曲,虔诚的歌声瞬间让人的内心得到平静,你也会在开罗的十月六日日桥上看到绑着"脏辫"、穿着破洞裤,歌唱革命、歌唱青春的摇滚乐队。同很多国家一样,埃及的年轻一代音乐人也在不断探索传统音乐财富与现代音乐口味的结合,埃及流行音乐的歌词内涵逐渐丰富,不再局限于宗教、爱情、爱国等内容,而开始多方面地反映现代埃及社会、埃及文化所面临的问题和挑战。埃及近年涌现出一批引领时代思考的年轻歌手,他们有的通过说唱音乐,表达年轻人在变革社会中对"出世""入世"的困惑,也有的通过传统埃及音乐与现代流行音乐的结合,表达传统埃及女性在现代生活中面临的苦恼。

　　因为对音乐的喜爱,埃及人能在任何有音乐的地方随时起舞。婚礼上、凉亭里,甚至一小片草坪、一片孤立的树荫,都能成为他们起舞的地方。这种能力在很多外人看来不可思议,毕竟相较于发达国家,埃及的基础设施不够好,埃及人的工资不够高,埃及政府的发展压力依然很大,如此随时随地欢乐起来的性格,让人有些难以理解。但当我们回望埃及历史,这种能力让人心痛又心安:不断地遭受战争,被抢夺、被融合,古老传承的音乐或许是他们维持民族发展的力量来源之一。埃及人

---

　　① 　乌姆·库勒苏姆(Umm Kulthum):埃及国宝级女歌手,被誉为20世纪最伟大、最有影响力的歌手之一,其因非凡的声乐能力和风格而闻名阿拉伯世界,在20世纪20年代至70年代,其唱片全球销售超过8000万张。1975年去世后,超过400万埃及人参加了她的葬礼,至今她的歌曲仍然在阿拉伯国家广受欢迎。

有着怎样的心性,才能始终保持这种快乐的能力?

在与马娜娜的交流中,音乐这个全世界共通的语言,为我们感受中埃文化差异提供了一个丰富又欢快的途径。我们开始相互推荐自己喜欢的音乐,在学唱歌曲、翻译歌词和争论歌词内涵的过程中不断走进对方的文化世界。在这个过程中发生过很多趣事。一日,看书看看厌倦了的我们开启了歌曲随机播放模式,杨宗纬演唱的《洋葱》一出,她就问我这是首悲伤的歌吗,我说是的,这是一个失恋的人对曾经爱人的告白。我原本在纠结要怎样表达,才能体现歌词所写的那人虽不善言辞、外表普通,却将爱人藏在内心最深处的深情,但她听了我对歌词的翻译后说:"这不是他性格的问题,他注定会失恋啊,用一颗不太好吃的蔬菜形容爱情,感情怎么会成功? 爱情是甜的,就算失恋了,也不能用气味很大的洋葱来表达爱意啊,这还想得到对方的理解?"

她的话让我放声大笑。都说阿拉伯人的嘴是抹了蜜的——甜,但我以为这个平时讲话严厉认真的马娜娜会"与众不同",我以为平时交流时总会与我"心有灵犀"的她能理解我所说的"内涵",但其实,仅依据一个人的性格又怎能轻易地判断她所处的文化氛围? 文化的根基又怎会轻易地消失呢? 所以尊重、理解和开怀大笑,或许是很多时候面对文化冲击的最好方式。

下篇

金字塔与大运河

任何一个古老文明的传承,都离不开对传说和先祖的敬畏;任何一个文明的兴盛,也离不开对技术和未来的渴求。过去的故事体现了文明的特质,对发展的追求体现了文明的实力,而最可贵的,莫过于当两个相隔千万里的文明逐渐走近后发现,"原来你也在这里"。

相似的文明细节

2002 年 9 月 17 日,由美国科学家研制的机器人"金字塔漫游者"进入胡夫金字塔王后殡室南通道进行探秘,工程师指挥机器人前进的每一步,都从探测现场通过电视向全球进行直播,时任埃及最高文物委员会秘书长的扎希·哈瓦斯向全球观众进行讲解,此次探测活动的现场直播在全世界掀起了金字塔热潮。当人们在感慨金字塔的种种奥秘时,浙江省文物考古研究所良渚文化研究专家王明达指出,中国良渚的"土筑金字塔"与埃及金字塔相比,毫不逊色。

当时,距今 5000 年的中国良渚文化还没有引起大范围的关注,中国考古界也还在围绕良渚遗址区是否存在"城"而进行各种猜测和论证,但已发掘出的部分良渚高台墓地已经让考古学家们震惊。良渚高台墓地属于土质建筑,很难保存,但如今仅凭遗留下的小部分遗迹,已经可以看出当时的恢宏场景:余杭莫角山遗址是当时已知的良渚最大古城址,被考古界誉为

"土筑金字塔",总面积达到 30 万平方米,经考古发掘证实,这是一处礼制性建筑群基址,人工堆筑厚度可达 10 余米。这种祭坛和墓葬结合的建筑方式,与古埃及丧葬建筑群十分相似,属于同年代文明的产物。因此,王明达专家指出,良渚古墓丝毫不逊于埃及金字塔,良渚文化完全可以与以金字塔为代表的古埃及文明相媲美。①

在著名的文物介绍节目《国家宝藏》中,主持人张国立先生每次开场时都向观众提问:"我们是一个年轻的节目,我们到底有多年轻?""上下五千年!""上下五千年"这个所有观众呼喊出的答案,是中国人从小对源远流长的中华文明最直白的认识,但其实,国际上长期以来并不完全认同中国 5000 年的文明史,因为中国当时有考古实物支撑的文明最早仅可溯至公元前 1600 多年的商代。古埃及人 5000 多年前修金字塔时,中华文明史尚处于传说中的黄帝时期,并没有明确的考古实物支撑。所以在很长一段时间里都有人在问:当埃及人修建金字塔的时候,我们到底在做什么呢? 这个问题的答案也一直是中国考古界所追寻的。从 1936 年发现良渚遗址起,浙江省考古界的专家学者一直对良渚文化感到自豪,他们一代代努力地研究,坚信良渚文化在华夏文明史上有着独特的地位。但因当时良渚文化遗迹尚未能构成体系,尚不能以"文明"称之,所以 2002 年王明达专家的发声,也并未引起广泛地关注。

直到 2013 年,浙江的良渚遗址才与埃及的金字塔一同受到考古学界的关注。2013 年首届世界考古论坛在上海举行,经过由 45 个国家和地区的 150 位考古和文化遗产专家组成的论坛咨询委员会提名、由 17 个国家和地区的 40 名考古学者组成

---

①　http://www.chinanews.com/2002-09-19/26/224377.html.

的论坛评审委员会决定,浙江省文物考古研究所承担的"寻找消失的文明:良渚古城考古新发现"与美国古埃及研究所承担的"埃及吉萨金字塔城聚落考古"同时入选 2011—2012 年 10 项世界重大田野考古发现。良渚古城与古埃及聚落的第一次"携手"亮相,向世界展示了各自的跨越式成就:良渚古城的发现,是中华 5000 年历史的实证,而金字塔建造组织形式的发现,是古埃及早期国家级工作城镇的生活实证。很快,良渚文明与古埃及文明的关系又拉近了。2017 年,良渚与埃及再次同时出现在世界各大媒体的新闻里:经过考古工作者的研究发掘,系统地明确了良渚古城的格局、功能和属性,其外围大型水利系统的发现,更证明了良渚有着完整的文明体系。良渚遗址用一系列可考证的遗迹、实物,确定了中国早在 5000 多年前的良渚社会,就已经进入早期国家文明阶段,证明了中华拥有 5000 年文明的事实。同时,良渚城邦群的出现,证明同时期全世界只有良渚、埃及和玛雅有文明城邦的存在。"当古埃及人在造金字塔时,中国人在做什么?"这个问题有了答案,而这个答案就在浙江杭州的良渚。

随着良渚被认定为"文明"并申遗成功,一些良渚文明和古埃及文明的相似之处再次成为人们热议的话题。例如兽面神人图像是良渚文明玉琮纹饰的基本特征,兽面神人头上的条状帽冠与古埃及法老佩戴的巾冠颇为相似;良渚文明中,鸟是帮助人类巫师与天地沟通的灵物,有时天神也会以鸟的形象出现,因此有人认为良渚玉器中"鸟占祭坛"的纹饰,与古埃及荷鲁斯以鹰眼形象站在王宫门口的内涵相一致。而前文中被各国网友热议了很久的话题——"古埃及人其实是中国人"再次在网络上红火起来,甚至出现了新的"质疑"——"中国人是从非洲来的古埃及人"。当然,良渚文明与古埃及文明中这些相似的文化表现形式仍需要考古学者的进一步科学考证,网友们热议的话题也没有事实依据,但这一次次的文物热潮拉近了良渚和古埃及的距离,也拉近了两个文化群体间的情感联系。有网友在微博上说,曾经觉得埃及太远,但想到 5000 年前良渚的祖先和古埃及人都在治水、创造文明,忽然又觉得埃及好近。

　　文物能让历史活起来,中国和埃及作为世界上最古老的两个国家,在文物保护、研究方面有太多共同的需求,因此,两国间的文博交流也是双方最有分量的文化交流。特别是 2013 年习近平主席提出"一带一路"倡议,以及 2014 年中阿合作论坛第六届部长级会议召开后,中阿文博合作进入新的阶段,浙江省的各博物馆、文化馆,也成为中国与阿拉伯国家开展文博合作的重要载体。2014 年至今,中国和阿拉伯国家的文博研讨会已举办 3 期,双方文物专家分别围绕"纸张""丝绸""陶瓷"的主题开展交流。在这 3 次研讨会的系列活动中,浙江省各博物馆、文化馆始终是重要的交流单位,包括埃及专家在内的阿拉伯文博及美术专家多次来到浙江,参观场馆运行模式与展览项目,交流经验。2018 年 10 月,第四期"阿拉伯国家文博专家研修班"在杭州举办,双方以博物馆文化创意工作为重点,通过学习与交流,明晰未来国际博物馆的文创思路。值得一提的是,在此次文博交流活动中,良渚博物院是重要的参加成员,参加此次研讨班的阿拉伯专家也特意来到良渚博物馆,亲身感受良渚文明与古埃及文明的"相似"之处。在未来,期待浙江与埃及的考古专家能一同为我们讲述良渚文明与古埃及文明共同的故事。

共通的文化情感

　　浙江与埃及在专业文化领域交流日益密切,但其实双方的民间文化交流早已结出硕果。"一带一路"倡议提出前,中国和阿拉伯国家的交流以北京地区为主,但那时的浙江也已走在中埃民间文化交流的前沿。2004 年 5 月,杭州西湖电影院出现了来自埃及的电影,这是由国家广播电影电视总局和埃及文化部主办、三家浙江电影及院线公司承办的"埃及电影周"活动,是除北京的活动外,国内唯一一个埃及电影专场活动。平时国内观众在影院接触到的国外影片,多为美国好莱坞电影,以及有限的英、法、日或印度影片,但其实素有"阿拉伯好莱坞"之称的埃及,其每年电影产量约占阿拉伯世界的 2/3,拥有相当庞大的观众群。在此次杭州的埃及电影周上,共有 5 部影片和 5 部纪录片上映,且为原声配中文字幕,来观影的绝大多数杭州观众第一次在影院感受到埃及演员的形象、声音和他们对表演的诠释,也是第一次通过埃及导演的镜头了解埃及人眼中的生活和他们对世界的思考。

这次埃及电影周活动,是浙江观众与埃及电影人的"第一次亲密接触"。此后,推动此次电影周活动的浙江电影人,开始成为中埃双方影视交流的排头兵。影视剧承载了一个群体的文化价值观,是引起不同文化间情感共鸣的文化综合产品。在中国影视界向海外进发的过程中,埃及这个巨大的电视文化市场逐渐吸引了中国影视人的关注,中国电视剧开始走进埃及。在这个过程中,由浙江影视公司出品的电视作品在埃及获得了成功,播出期间引起了巨大的社会反响。例如《辣妈正传》中女主人公夏冰的坚强独立,以及在家庭与职场中遇到的困难,引起了埃及职场女性的共鸣,获得了女性观众的认同。而 2016 年阿拉伯语版电视剧《父母爱情》,更是因对家庭、夫妻情感的真挚演绎,在埃及获得了 3.8 的高收视率。① 值得注意的是,这些在埃及取得广泛好评的影视作品,在国内已收获过好评,也曾引起国内观众不同程度的讨论。埃及观众与中国观众对电视剧中人物在各人生阶段、各社会环境中的选择,产生了一致的观影共鸣。这些电视剧在埃及的成功播出为中国电影人进一步开拓阿拉伯影视市场提供了借鉴,也增强了中国影视、浙江影视在阿拉伯地区获得更大成功的信心。2016 年 11 月,根据习主席访问期间中国与包括埃及在内的中东三国达成的共识,由浙江华麦网络科技公司搭设的"走进中东"影视桥项目正式启动。该项目面向中东市场,将国产电影、电视、动漫和纪录片等投放到包括埃及在内的中东国家及丝路沿线国家和地区,期待中国影视越来越多地出现在世界各地。

与影视作品相似,音乐也是各民族文化特质的承载者,虽然各民族的传统音乐各有特色,但旋律是全世界共通的语言。十几年前,浙江民乐团的民乐演奏家们就用中国韵律,实现了中国民乐与埃及、非洲交流的突破。2006 年 2 月,浙江民乐团在开罗国家大剧院及亚历山大歌剧院举办了中国新年民族音乐会,是中国专业民乐团首次登上非洲国家的舞台,实现了中国民乐在非洲大陆演出零的突破。此次浙江民乐团在埃及国家级大剧院的演出,也是中国民乐首次大规模走入埃及社会,浙江民乐团的演奏家们用乡音抚慰埃及华人华侨对家乡的思念,用旋律敲开埃及观众了解中国民乐的大门,用音乐讲述中国的文化故事。

这些浙江在埃及多元的文化交流成绩,是中埃文化交流突

---

① 李天昀:《共同经验——浅析中国电视剧在埃及的传播》,《中国电视》2017 年第 8 期,第 105—110 页。

破性成绩的重要组成,因此,自 2016 年"中埃文化年"起,来自浙江的文化专家、文艺工作者们,屡次成为中埃文化交流舞台上的主角。中埃建交 60 周年暨 2016 中埃文化年拉开序幕后,由浙江省文化厅主要承办、中国丝绸博物馆执行的"丝绸之路与丝路之绸"展览在开罗开幕。过去在埃及,丝绸是社会身份和地位的象征,但埃及一直缺少对丝绸及其相关文化系统的展览。中国丝绸博物馆在开罗的此次展览,是文化年"两大文明对话——'丝路新韵'"活动的重要组成,展览通过真实的展品、非物质文化遗产传承人对金银彩绣技艺的现场展示,近距离地向埃及观众展示了中国丝绸业的悠久历史,讲述了丝绸在中国文明和世界文明交流中的地位,让埃及朋友了解中国人心中的丝绸之路,并不只代表了贸易,更代表了中国与丝路沿线各国、各文化交流的真挚意愿。两年后,浙江省文化厅再次带领浙江的艺术家们来到埃及,与开罗中国文化中心一起承办了埃及"2018 欢乐春节大庙会"。这次春节庙会首次走出开罗,来到沙姆沙伊赫,66 名浙江艺术家们在这里为 3000 多名观众带来了富有江南韵味的舞蹈、戏曲、武术、杂技等传统文化节目,也带来了爵士乐队、音乐喷泉和现场制作的江南美食,庙会还设置了浙江非物质文化遗产手工艺展示空间,8 位浙江非遗传承人代表现场演示浙江的非物质文化遗产,在视觉、味觉之外,为庙会添加了浓郁的文化气息,让浙江与埃及的文化交流融于生活,又不限于生活。

共同的文化需求

逐渐频繁的文化交流,让浙江的文化和埃及的文化更亲近了。2017 年,杭州歌剧舞剧院的舞剧《遇见大运河》再次惊艳了埃及。《遇见大运河》是杭州歌剧舞剧院以世界遗产"大运河"

为题材创作的舞蹈剧,用舞蹈讲述京杭大运河厚重的历史和浙江的"水文化"故事。2017 年 11 月,《遇见大运河》分别在开罗和亚历山大上演,舞台上"开凿""繁荣""遗忘""涅槃""又见运河"等章节故事一幕幕展开,每一幕都会勾起埃及观众对苏伊士运河的深深情结。相似的文化情结,让一些第一次接触中国文化的埃及观众也产生了强烈的共鸣,他们用欢呼和掌声表达了对这条千年运河所蕴含的民族智慧与民族情结的理解和认同。《遇见大运河》在埃及的演出,已经不是一次单纯的艺术交流,更传递了两个民族对人类共同文化遗产的尊重。

浙江文艺工作者们用"浙江"的文化视角,通过一次次标志性的活动,让埃及人民走近中国文化、走近中国生活,而这些成功"对话"的背后不可或缺的,是研究和挖掘文化的专业功底,是艺术与教育的经年累积。杭州歌剧舞剧院在埃及的巡演,不仅获得了普通观众的认可,也获得了专业同行的赞誉。在《遇见大运河》剧组与埃及艺术研究院全院师生交流的过程中,埃及艺术家赞赏杭州歌剧舞剧院的艺术作品中承载的文化内涵,希望以后与浙江的艺术教育者一起,让浙江与埃及能有更加丰富的"遇见",用更有深度的艺术连接起两个文明。文化交流拉近了两个文化群体的距离,而后仍然需要更多行业从业者继续耕耘,帮助两个文化群体从"走近"变为"走进"。

同文化交流历史一样,中国与埃及的教育交流最早也以北京地区为主,特别是中华人民共和国成立后,双方的教育交流以外交需求和培养教师队伍为主,这些交流都限于北京主要的文科高校。随着 21 世纪中国与阿拉伯国家经济交流的增多,中阿双方越来越需要"懂语言懂文化"的专业人才,中国的阿拉伯语教学规模逐步扩大,与阿拉伯国家间的教育交流逐渐恢复。基于自身与阿拉伯国家的交往需要,阿拉伯语高等教育走出了北京的圈子,在浙江发展壮大。浙江省目前有4所高校设有阿拉伯语专业,并都与埃及各高校建立了合作交流。值得注意的是,随着中国区域国别研究的兴起,国内外语高校不再仅限于对语言人才的培养,对阿拉伯世界的研究也不再限于语言和文学,而是向更深的层面发展。浙江相关高校也结合浙江省经济交往和文化交流的实际需求,在与包括埃及在内的各阿拉伯国家的科研交流中找到了浙江本土化的定位。例如教育部首批区域和国别研究培育基地浙江师范大学非洲研究所于2017年与埃及苏伊士运河大学分别在本校对等建立埃及研究中心和中国研究中心,为浙江与埃及的交流提供了更顺畅的平台。而浙江省新型高校智库浙江外国语学院阿拉伯研究中心,则专注于研究浙江与包括埃及在内的阿拉伯国家的经济关系,为双方经贸往来及相关领域的合作提供符合浙江实情的建议。这些改变都是文化推动教育需求、教育反哺文化发展的最好实证。

浙江与埃及教育交流中的转变,在来浙江学习的埃及留学生身上同样得到了体现。随着中国国力的增强和中国文化吸引力的加强,中国高校中的外国留学生人数增长迅速,越来越多的埃及留学生来到浙江各高校学习。以往选择来浙江高校念书的埃及学生,以学习中文为主,少数学习历史学、政治学等其他文科专业,这些埃及留学生毕业后大多依靠语言优势从事中埃贸易,或者回到埃及,从事教育、旅游等相关的文化工作。随着中国制造和中国技术世界地位的提升,浙江高校的科技底蕴吸引了埃及留学生的目光,来浙江高校深造的埃及学生不再局限于学习文科类专业,医学、建筑学、海洋学等专业开始出现埃及留学生的身影。不论这些在浙江学习的埃及留学生毕业后是回到埃及,还是在中国继续从事研究,他们的选择都是浙江与埃及教育交流进入新阶段的标志,浙江与埃及不再仅仅是5000 年前奇妙的隔空吸引,双方对彼此的文化吸引走出了剧场和舞台,走出了书本和屏幕,开始贴合更多的现实需求,在影响社会进步发展的各行各业开花结果。

在"浙"里

阿拉伯民族流传着一句古谚语:"求知,哪怕远在中国。"当你问很多阿拉伯人为什么来中国时,他们也会这样亦真亦假地告诉你。

在讲述埃及历史时已经提到,从公元前 30 年埃及成为罗马帝国的一个行省后,埃及在此后近 2000 年的时间里,为不同民族所统治,失去了独立国家的身份。虽然因其独特的战略意义,埃及在各帝国统治时期都有特别的待遇,拥有一定的自治权,但当我们谈及历史时,依然无法独立地将埃及的故事与当时宗主国的历史分开。特别是公元 7 世纪阿拉伯民族冲出阿拉伯半岛,建立起庞大的阿拉伯帝国后,作为帝国的一部分,埃及的语言、文化、宗教都被改变了,这一时期对埃及历史文化的影响是彻底而深远的,因为他们都成了阿拉伯帝国的子民,对外交流时,他们都只能以"阿拉伯人"的身份与人交往,而失去了"埃及人"的身份,因此,当我们谈论历史上埃及人来浙江的故事时,我们更多的时候只能谈论"阿拉伯人"在"浙"里的故事。

"浙"里往事

在历史上,贸易对不同民族间的交流起到了巨大的推动作用。中国在西汉时期就有对外贸易,但以陆上对外贸易为主。至唐朝、五代时期,浙江造船业和航海业发展迅速,因浙江拥有杭州、宁波、温州、台州等历史上著名的天然良港,技术的支持、天然的对外航行优势加上丰富的出口物资、繁荣的商品经济和广阔的经济腹地,让宁波成为这一时期遣唐使主要的登陆海港之一,浙江成为这一时期对外交流最活跃的地区。①　中国的对外贸易此时也从以陆路为主转为以海路为主,浙江成为中国海上"丝绸之路"重要的贸易区。这一时期,中国与阿拉伯之间的贸易往来也很频繁,很多阿拉伯人以商人、官员的身份,或以移民的方式来到杭州、宁波等地,当时中国将他们称为"蕃客"。这些阿拉伯人部分往返于杭州、宁波与阿拉伯帝国之间从事贸易活动,也有人选择定居在大唐,例如聚居在杭州的阿拉伯人就曾住在今日杭州的羊坝头、荐桥一带。②　这些定居于杭州的阿拉伯人开店经商,贩售丝绸或本国特产,时间久了,他们的后代被称为"土生蕃客",他们聚居的区域也被称为"蕃房"。在这里,他们慢慢融入唐朝杭州的生活,他们的习俗亦得到了尊重,有学者推断,唐武德年间,在杭州的埃及富商欧斯曼在今天的中山中路上修建的著名的真教寺,就是今天杭州凤凰寺的前身。③

　　到两宋时期,因海外贸易需求不断增多,浙江的丝织业极其繁荣,同时,瓷器的制作工艺也达到前所未有的高度,龙泉窑、明州白瓷窑等都是著名的窑口,浙江的瓷器开始大量运往阿拉伯国家,浙江与阿拉伯国家的贸易得到了空前发展。特别是自南宋时期成为都城后,杭州成为全国政治、经济和文化中

---

　　①　陈炎:《海上丝绸之路与中外文化交流》,北京大学出版社 1996 年版,第 59 页。

　　②　傅伯模:《唐以来我国浙江海上与阿拉伯的交往》,《阿拉伯世界》1997 年第 4 期,第 49 页。

　　③　同①。

心,城内商贾云集、店铺满溢;同时在明州、越州、温州等地,也都有很多阿拉伯商人往来经商。同时期的埃及处于法蒂玛王朝统治下,开罗城内文化繁荣贸易兴盛,是伊斯兰文化的中心地,埃及历史学家的记载中称,开罗宫殿的储藏室里放满了各种来自中国的瓷器,后来的考古学家们在开罗福斯塔特古城下发掘出的大量中国陶器碎片,也印证了这一时期双方瓷器贸易的繁荣。

至元朝,元朝大军的三次西征均到达了西亚地区,将一些被征服地区的人整编成军队带回中国,其中就有大量的阿拉伯人。元朝时期,亦有大批阿拉伯人来到中国经商、定居,甚至在政府部门任职,这一时期是阿拉伯移民进入中国、融入中国的重要时期。其中,很多人也再次来到了杭州,在摩洛哥著名旅行家伊本·白图泰的游记中,多次提到了他这一时期在杭州看到的阿拉伯人生活的场景,见证了浙江与阿拉伯地区的文化交融。由于明朝时期沿海地区频遭倭寇侵袭,浙江与阿拉伯世界的贸易往来逐渐衰落,清朝的海禁及清末西方国家对中国的侵略,更加阻断了双方的往来。阿拉伯人来往浙江的盛况不复存在,而原本居于沿海地区的部分阿拉伯移民也开始向内陆迁移,慢慢地融入中国各地的历史中。

留在"浙"里

20 世纪初的民族独立浪潮中,包括埃及在内的阿拉伯国家纷纷独立,中华人民共和国与埃及阿拉伯共和国以新的模样再次携手:埃及是第一个同中国建交的阿拉伯国家、第一个同中国建交的非洲国家,也是阿拉伯和非洲国家中第一个同中国建立战略合作关系的国家。中埃恢复交流初期,埃及人来华以政府公派形式为主,以外交官政治交流和语言人才培养为主。改革开放以后,中国的对外交流全面展开,中国加入世界贸易组织后,浙江的海外贸易重现繁荣,特别是义乌成了全球著名的小商品交易地,包括埃及商人在内的大批阿拉伯人来到义乌,形成新一波阿拉伯人居留义乌的浪潮。如今,在浙江的埃及人除一部分留学生分散在各大高校中,义乌成了新时期浙江的"蕃房"。纵使时光流转,埃及人来浙江的浪潮依然与贸易息息相关。

　　32 岁的穆罕默德来自埃及中部城市艾斯尤特,大学时期在埃及学习中文,后入选中国政府奖学金项目,于 2008 年来到浙江大学继续中阿比较文学的研究。他说中文很难学,所以在埃及读本科的时候只顾着打基础、背中文,而对中国文化,特别是中国近现代及当代社会的了解,基本只限于对 3 位中国人的了解:毛泽东、鲁迅和成龙。因此,来到杭州后不久,他就去了绍兴,想看看鲁迅成长的地方现在是什么样。那次绍兴之行让他感慨很深,他觉得北京和上海作为中国的中心城市,在中华人民共和国成立至 2008 年的几十年里,这两个城市的快速发展"合情合理",但绍兴作为浙江省的一个市,其发展之快之好远超出了他的想象。"在埃及,大家都说中国发展很快。但'快'需要比较才能真正体会。我的家乡也是一个市,如果我一直待在那里,我看到的城市和我的生活,和我父亲年轻时也不会有什么区别。"

　　回到杭州后,除了与自己的研究相关的著作,他阅读最多的是关于中国近现代历史的书籍,并专注于了解中国近 100 年的历史。他觉得埃及和中国同样在过去的 100 年间经历了被殖民、被侵略的伤痛,两个国家也都走过了寻求独立进而谋求发展的道路,但为何会有如此大的差别? 他一边看历史书,一边与同学来到义乌,希望在做语言翻译补贴花销之外,从现实中寻找这个问题的答案。几次与中国商人接触后,他觉得他明白了:"中国人过得很实际,因为中国人看明白了,经济很重要。一个人如果经济独立了,你怎么去管着他?"

于是,他开始学习做布料生意,在义乌选供货商,往埃及发货。随着毕业的日子越来越近,他作为家中长子需要回到埃及照顾大家庭,但他不愿放下生意,于是让自己的弟弟先在埃及学习中文,随后带他来中国学做生意。穆罕默德从浙大毕业后,弟弟接替他常驻义乌,他回到埃及后,虽然做了一名老师,但教书之外也打理公司在埃及的业务,寒暑假他会带着妻子、孩子来到义乌生活。现在他最小的弟弟也在学习中文,将来也会来浙江读书。其实穆罕默德兄弟在中国的供货商早已不局限于义乌商人,应顾客的要求,他们与江苏、广州的厂家都有密切的联系,但公司就在义乌,"不会去其他城市"。

阿拉伯国家在义乌对外贸易中占有重要地位,埃及长期居义乌商品出口国前 10 位,同时,义乌也是阿拉伯商人在中国采购商品的重要一站,埃及人长期居义乌外籍人口出入境数量的前 10 位。[①] 很多在义乌的埃及人的故事,与穆罕默德兄弟的故事很像,他们大多是曾在中国留学的学生,学成之后从中国其他省份或从浙江的其他城市来到义乌,努力开创事业。因为埃及庞大的人口市场和与非洲、欧洲便捷的交通条件,来义乌的埃及商人主要采购服装、鞋类、建材、五金产品和儿童玩具。一些埃及商人将在中国生产好的成品运到埃及后,会在埃及进行质量、价位的二次分层,再将产品分销至欧洲或非洲其他国家。因此,不仅往返义乌的埃及商人人数众多,在常驻义乌的外商中,埃及人也占据了相当的比重,还有不少成为了阿拉伯商人

① 根据作者田野调查。

在中国采购的代理人或中间商。这些常驻义乌的埃及人中文极佳,有人甚至能说一口流利的义乌方言。

随着常驻义乌的外国人口的增多,如何让他们在义乌更有参与感也是义乌市政府一直思考的问题。2015 年"十项措施"提出后,义乌市开始进行外国人商会组织的备案工作,埃及商会是目前在义乌获得备案的 4 个商会之一。在义乌著名的世界商人之家俱乐部中,埃及商人是重要的组成群体,在关注生意之外,他们广泛地参与到义乌的社会生活中回馈社会:在福利院慰问、交通安全宣传、文化交流沙龙、公益献血等活动中,都能看到他们活跃的身影。他们选择留在"浙"里,是因为这里不仅有他们的事业、他们的生活,更有见证了他们成长的时光。

沙海灌溉者

　　浙商与粤商、徽商、晋商一道，在历史上被合称为"四大商帮"，从古至今都是中国经济发展的重要推动力量之一。但到今天，浙商的故事已不仅是浙江的故事，现代海外浙商的故事早已成为中国商人出海故事的代表。在埃及的浙商就在广袤的沙海中，灌溉着绿色，灌溉着希望。

浇旧木

　　有人曾说，若要知这个地球上哪里有生意，就看看浙商往哪里走。近几年世界经济普遍低迷，非洲却成为世界各国竞相关注的新市场。其实在近几年的"非洲热"兴起前，一批浙商早已看准了埃及市场的机会。2015 年 8 月，彼得·海斯勒（Peter Hessler，中文名何伟）在《纽约客》上刊登了一篇以在埃及做服装小生意的浙江商人为主角的文章，他通过浙江商人在埃及的经营状况，分析了中国在非洲的投资及"阿拉伯之春"后的埃及社会。这篇文章经澎湃新闻中文版编译刊登后，引起了人们的关注。文章里的几位浙江商人年纪不是很大，在很多中国人因 2011 年埃及革命才对这个国家有所了解前，他们已经在上埃及地区生活、经商多年。从 20 世纪 90 年代起，很多浙江商人就离乡前往全国各地做服装生意，他们中的一些人后来出国做生意，依然从事服装及相关产品的贸易，早期来到埃及的浙江商人也是如此。在义乌的小商品市场，你会看到很多阿拉伯商人来这里采购阿拉伯女性日常使用的头巾。不要小看这小小的头巾,它可是在埃及最易消耗、最好卖的纺织品之一。因为伊斯兰教教义对女性的要求,女性不能在公共场合露出自己的头发,于是女孩们在包头发的头巾上淋漓尽致地发挥着对美的追求,头巾成了女孩子们展示个性的绝佳饰物。因此,浙江出口埃及的商品中,纺织品一直占据了相当的比重。有很多义乌商人将产自义乌的成品出口给埃及商人,也有在埃及闯荡的浙江人将产自家乡的产品卖给埃及本地人。在很多人对阿拉伯国家还完全没有概念的时候,这些浙江商人已经开始了他们在埃及的"拓疆"。因此,很多初看海斯勒文章的人都会感慨其中几位商人极强的忍耐力,但当你了解过 10 年前的上埃及,或者去过埃及的偏远小镇,你更会被这些商人的坚韧所折服。

我曾在埃及的伊斯梅利亚市学习,那是处于埃及苏伊士运河中段的一个城市,不同于开罗,那里没有很多的中国人。2008 年,当地大学开始与一些中国高校合作开展留学生交换项目,从那以后,这个城市的中国人会分"季节"出现,中国学生会在春秋两个学期来到这里。但即便在学期中,当你走出中国留学生宿舍,你就是那个唯一被盯着的黄皮肤。伊斯梅利亚的"死人城"旁边有个巨大的集市叫"星期五市场",是伊斯梅利亚最大的商铺集中区,每个星期五人最多的时候来到这里,就会感觉回到了百年前拥挤的集市。在这个市场里,有两家中国人开的店铺,一家卖服装,另一家卖日用品,老板都是浙江人。当我 2010 年到那里的时候,他们已经在伊斯梅利亚做了七八年生意,在中国学生来这里前,他们是这个城市"唯二"的中国家庭。他们初到时并不会阿语,但经过磨砺,他们的埃及土话已经讲得很不错了。在被埃及人包围的传统市场里孤独地做生意,实属不易,但即使在革命发生后最动荡的时期,他们也没有想过离开。他们这样选择的原因很简单：没人做，才有机会。

这种开铺面售卖产品的模式，是在埃及的浙江商人最小的生意单位，一些服装商人积累了一定的资金和人脉后，会从销售方的角色转向供货方。一些中国商人在当地开办了制鞋厂、成衣厂，向其他中国商人和埃及商人提供货物。这个看似理所应当的转变其实不简单，因为在埃及有很多大大小小的土耳其商人，由于历史上宗主国的关系和宗教上的亲近感，土耳其人在埃及有办厂的传统，加之土耳其本身的轻工业也较埃及发达，因此，这些转变了角色的中国商人，其实是从被埃及人包围的市场又转向了被土耳其人包围的市场。一部分曾做店铺生意的浙江商人转去开办成品工厂，但他们敏锐地看到这也将是条拥堵的路。所以，一些浙江商人没有"扎堆"开办服装成衣加工厂，而是选择服装生产的其他环节，多元化地参与到服装加工的生产链中。

纺织业一直是浙江重要的产业之一，这也是 20 世纪 90 年代到 21 世纪前 10 年，浙江商人在埃及以做纺织品生意为主的原因。2008 年开始的金融危机，让浙江的纺织品成品对外贸易逐渐感受到寒意。但阿拉伯国家的生意"还算好做"，特别是埃及，有着庞大的人口消费市场，虽然一些与埃及做生意的商家感受到了出货量的下降，但还可以维持。但是 2011 的革命，让这些商家在埃及的生意出现了断崖式下降，频繁的政权更迭让外贸生意难上加难。2013 年开始，因为革命后埃及外汇储备跌至警戒线，急于应对经济困境的埃及政府收紧外汇，并开始对一些产品征收高额关税。鉴于纺织产业占埃及 GDP 的 3％、占埃及全国制造业总产值的 27％，且提供了全国 30％工业行业的就业岗位，埃及新政府将纺织业列为埃及未来重点发展的行业。2016 年起，为保障本国 5000 多家纺织服装企业的生存，埃及政府开始对出口至埃及的纺织品成品征收高额关税。很多埃及客商从义乌商人手中赊走货物后,因无法及时缴纳关税,导致产品积压在埃及各海关,资金无法回笼,很多与埃及做纺织品成品生意的义乌中国商人,包括销售商和生产厂家,也遭遇严重的资金回笼问题,浙江与埃及间的纺织品成品贸易遭遇前所未有的困境。

义乌与埃及间的纺织品贸易困境,有埃及政局的原因,但也是中国纺织行业转型时期的一个侧面反映。中国纺织企业当时也正面临着"走出去"、整合资源的转折期,义乌市场上这个困局的出现,迫使浙江纺织行业及其相关企业思考应如何面对中东市场。此时"一带一路"倡议的提出,为这个问题找到了方向和出路。

为继续促进埃及本土服装产业的高质量发展,埃及在对进口纺织品成品征收高额关税的同时,修改了《投资法》,对在上埃及和苏伊士经济区投资的项目提供 50% 的免税优惠,同时埃及政府提出纺织产业 2025 发展愿景,埃及服装协会与埃及政府合作开展"千家工厂"计划,以期共同实现重振埃及纺织业的目标。但在任何生产实践中,工具都是关键,纺织业也不例外。因埃及缺少工业缝纫机的生产能力,其纺织业生产所需的工业缝纫机市场被各种西方品牌抢占,同样的情况也曾发生在中国纺织业,但随着中国机械制造业的发展,中国制造不仅在国内证明了自己的实力,海外市场的认可度也越来越高,甚至成为新的市场赢家。近年来,埃及纺织企业协会和苏伊士经济区负责人多次来到中国,来到浙江,希望寻求与中国厂家的合作。在这一过程中,来自浙江的企业,不仅成为埃及纺织业着重吸引的投资方,更成为推动埃及纺织行业智能化发展的重要合作伙伴。浙江工业机械制造业是中国机械制造业前行的见证者,浙江台州的杰克缝纫机有限公司正是推动浙江工业缝纫机进步的身体力行者之一。

杰克缝纫机有限公司已是目前国内工业缝制机械行业内领先的制造商,公司共拥有近千项有效专利,连续 5 年缝制机械行业发明专利申报数量位于全球前列。凭借过硬的产品和优质的服务,杰克缝纫机的客户遍布全球,也吸引了全力寻求转变的埃及企业,越来越多的各类纺织品生产商开始部分甚至全部使用杰克缝纫机,其中有埃及本土企业,也有来自浙江的"娘家"企业。2018 年 7 月,埃及服装协会考察团偕同缝纫机设备展会主办方一起拜访杰克缝纫机有限公司,寻求杰克为埃及当地的纺织企业提供更多的服务和技术支持。在双方的推动下,同年 9 月,杰克埃及服务中心在开罗开业。埃及服装协会主席穆罕默德·萨尔曼在开业仪式上表示:杰克缝纫机的出现,让非洲人民看到了"中国智造";杰克埃及办事处的开业,为埃及服装行业的发展提供了保障,也让埃及企业看到服装行业未来发展的巨大潜力,相信在杰克的助力下,埃及服装行业有更加辉煌的未来。

杰克缝纫机在埃及的广受欢迎,让"中国制造"不再仅存在于末端的成品销售中,杰克人在工业缝纫机领域的努力,让"中国智造"进入了埃及纺织业的核心环节。如杰克这样的浙江企业,用机械技术的力量让埃及传统的"旧"产业如沐甘霖,与行业中的新老浙商一起合作互助,更新着他们在埃及的故事。

种新树

随着中国企业"走出去"浪潮,新时期到埃及的浙商,除了为埃及"旧"行业添水浇灌,更在埃及的沙漠中种下了这里不曾有过的"大树",这些来自浙江的新的"沙海灌溉者"除了秉承浙商一贯的勤劳坚韧,更拥有敏锐的眼光和超前的思维,在埃及不断续写"中国制造"和"中国智造"的故事。

浙江嘉兴的中国巨石股份有限公司,是全球产量最大的玻璃纤维企业,公司总部和国内主要生产基地位于桐乡市经济开发区,欧洲是其主要的出口市场。但 2009 年开始,欧盟开始对中国输往欧洲的长丝玻璃纤维发起反倾销调查,为了减小欧盟反倾销调查对公司的影响,巨石开始在海外寻找投资建厂之地。埃及靠近欧盟,富有生产玻璃纤维的原料,且当地电价、天然气和劳动力价格较国内低,更重要的是,据埃及与欧盟签订的协议,埃及出口欧盟的商品不受反倾销法案制裁。最终巨石选定埃及作为海外生产线建设点,在埃及继续走中国制造的路。

巨石在埃及第一期的项目投资额已达到 2.5 亿美元,是当时中国企业在埃及的单笔最大投资。但巨石的第一条生产线开工后不久,埃及就爆发了革命,国内政局动荡,一时间连安全都难以保障,刚开工不久的生产线也被迫停工。一些外国企业和中资企业在革命爆发后相继撤出了埃及,但巨石在这里坚持了下来。在此后的建设过程中,巨石在埃及的工作团队克服了埃及政府审批手续慢、相关管理部门对中国企业不信任等一系列困难,艰难解决了生产所需的电、水等一系列问题。2013 年12 月,经过建设团队两年的磨砺,巨石在埃及的首条生产线终于点火开工,年产达到 8 万吨,填补了埃及在玻璃纤维生产领域的空白。从第一条线路投产至今,巨石在埃及发展迅速,几年内已建成 3 条生产线,2018 年生产力已达 20 万吨,在巨石的助力下,埃及目前已成为全球第五大玻璃纤维出口国。同时,巨石积极推动中埃双方在玻璃纤维领域的科技创新。2017 年5 月,习近平主席在"一带一路"国际合作高峰论坛上提出"启动

'一带一路'科技创新行动计划"，中国拟与沿线国家共建 50 家联合实验室。2018 年 1 月，巨石埃及玻璃纤维股份有限公司与埃及国家研究中心共同签署了《关于中埃高性能玻璃纤维及复合材料联合国家实验室的谅解备忘录》，中埃高性能玻璃纤维及复合材料联合国家实验室正式成立，这不仅会带动埃及在复合材料上下游产品及应用的研究发展，还将辐射整个地区乃至非洲大陆，成为中埃双方科技创新领域合作的标杆。

作为中非产能合作的典范，来自浙江的巨石在埃及展示了真正的中国制造，更重要的是，巨石在埃及也做到了很好的"反哺"。曾经埃及政府在水、电审批上的苛刻，一部分原因是担忧中国会如历史上来到埃及的一些西方国家一样，只是看重埃及的原料而并不关心埃及工业真正的发展。但巨石在埃及投资的规模和建立完整生产线的速度，让埃及政府看到了巨石的生产水平、环保水平和管理水平，巨石在埃及的人才本土化比率体现了巨石的担当，巨石对埃及员工的尽力培养更是巨石在埃及扎根的决心。①

不仅是巨石，其他领域的新浙商也在改变着埃及对中国的认识。浙江的正泰集团股份有限公司是国内工业电器行业产销量最大的企业之一。2016 年，这家拥有全球多个国际及国家质量体系认证、拥有国内外数百项专利的企业，也来到埃及，开启了正泰电器进军非洲的步伐。

2011 年革命后的社会动荡，让埃及经济一度跌落至低谷。塞西总统任职后，积极推动埃及与中国的经贸关系，并推行了

---

①　巨石埃及的本土员工比例达到 97% 以上，为埃及玻璃纤维制造业培养了大批人才。巨石的埃及本地员工有机会至浙江桐乡总部参加培训，这些埃及员工经过公司培训和个人发展，成为从生产一线到中高层管理的各级主力。

一系列改革措施以吸引外资、发展工业。虽然埃及经济出现下滑，但其地理位置优越，商品能够全方位覆盖西亚及整个非洲市场，拥有巨大的市场空间和开拓价值。正泰看准此次机遇，于 2016 年 4 月与埃及一家公司签订合资协议，双方在埃及合资建立低压柜工厂。2017 年 2 月，正泰非洲首家区域工厂——埃及低压开关柜合资工厂建成投产。正泰首先瞄准埃及中高端市场，于 2017 年 3 月下线首台正泰研发、具有自主知识产权的开关柜，随后以此为依托，拉动相关元器件在埃及和邻近区域市场的销售。以埃及工厂为非洲区域中心，正泰逐步构建着其电器产品在非洲的品牌影响力，而依托开关柜工厂在埃及取得的良好声誉，正泰集团旗下的其他专业领域产品也在埃及获得了成功。如 2018 年，正泰新能源有限公司全资子公司浙江正泰太阳能科技有限公司中标埃及三个光伏 EPC 项目，正泰太阳能将全程负责项目的工程、技术、设计、采购和安装建设。

正泰在埃及的发展规划，除了看到了埃及巨大的本土市场容量、广阔的市场辐射范围，更是要以埃及工厂为突破点，积累正泰在此区域内的生产和销售经验，实现本土化经营。因此，正泰在埃及的工厂注重公司员工的本地化，正泰埃及工厂的人员组成中，正泰电器只派驻总经理对企业战略、财务、技术等方面进行管控，不仅埃及工厂首任董事长由埃方人员出任，其余运营员工也均由埃方人员担任，员工本土化占比达到了 90％。人员结构的本土化只是正泰本土化建设的一部分，从 2017 年起，正泰每年都在走上更高的台阶：2017 年，正泰埃及合资工厂成立；2018 年，埃及物流中心及售后服务中心投入运营；2019年，正泰埃及子公司正式成立。正泰凭借工业电气领域极具竞争力的自主产品、全产业覆盖的实力和全球化团队的协同合作，在埃及迎来了新的业务突破，让埃及、非洲看到了"中国智造"的实力。

　　巨石和正泰作为浙江企业在埃及的开拓者,屡次抓住时机,在埃及的沙漠中浇灌出了新的产业大树。其实虽然埃及的工业化开始较早,但因种种历史原因,其工业体系发展不完整,留下许多工业空白地,埃及这片占据"地利"的土地一直在等待改变。巨石和正泰用实力和成功,回馈了埃及的期待,也用事实向埃及展示了有担当、懂尊重的中国企业形象,改变了埃及社会对浙商、对中国企业的认识。这种改变不仅惠及其自身在埃及、非洲的长期发展,也为其他前往埃及奋斗的中国企业留下了绵长的余香。

　　1000 多年前,浙江与埃及同是中阿交流的实践者和见证者;1000 多年后,埃及是浙江企业全球布局的重要"中转站",浙江是埃及找回活力的有力伙伴。不论是千年前的交融共进,还是现在的合作共赢,不论是向东行还是向西走,浙江与埃及都有千丝万缕的联系,这其中既有历史潮流的推动,也有个人意志的选择,但不论原因为何,浙江与埃及的故事都是独特的,因为那许多的文化印痕,"仅对方可见",而这些印痕留下的影响,在未来也将成为双方新的财富。

参考文献

一、中文文献

[1] 安东尼·萨汀,杰西卡·李.埃及[M].北京:中国地图出版社,2015.

[2] 陈炎.海上丝绸之路与中外文化交流[M].北京:北京大学出版社,1996.

[3] 詹森·汤普森.埃及史——从原初时代至当下[M].郭子林,译.北京:商务印书馆,2012.

[4] 菲利浦·希提.阿拉伯通史[M].马坚,译.10版.北京:新世界出版社,2015.

[5] 杰拉尔丁·平奇.埃及神话[M].邢颖,译.北京:外语教学与研究出版社,2013.

[6] 侯士庭.灵修神学发展史[M].赵郑简卿,译.台北:中福出版有限公司,2005.

[7] 温迪·克里斯坦森.古代埃及帝国[M].北京:商务印书馆,2015.

[8] 纳忠.阿拉伯通史[M].北京:商务印书馆,2015.

[9] 普鲁塔克.希腊罗马名人传[M].长春:吉林出版社,2009.

[10] 乔安·弗莱彻.埃及四千年[M].杨凌峰,译.杭州:浙江文艺出版社,2019.

[11] 希罗多德.历史[M].徐松岩,译注.上海:上海人民出版社,2018.

［12］温迪·克里斯坦森.古代埃及帝国［M］.郭子林,译.北京:
　　　商务印书馆,2015.

［13］杨灏城,朱克柔.民族冲突和宗教争端［M］.北京:人民出
　　　版社,1996.

［14］周烈,李宁.阿拉伯研究论丛［N］.北京:社会科学文献出
　　　版社,2015.

［15］李肖.丝绸之路研究(第一辑)［N］.北京:生活·读书·新
　　　知三联书店,2017.

［16］彭超.埃及科普特人研究［D］.郑州:郑州大学,2017.

［17］马继.城市中的阿拉伯人研究——以浙江省义乌市为例
　　　［D］.西安:陕西师范大学,2016.

［18］段立生.永恒的金字塔［J］.世界宗教文化,2007(4):
　　　49-51.

［19］傅伯模.唐以来我国浙江海上与阿拉伯的交往［J］.阿拉伯
　　　世界,1997(4):48-52.

［20］哈全安.纳赛尔主义与埃及的现代化［J］.世界历史,2002
　　　(2):54-62.

［21］郭丹彤.论古代埃及的赋税体系［J］.东北师大学报(哲学
　　　社会科学版),2016(3):158-165.

［22］李雪玲,闫龙,李明伟,生态视野下的建筑本土化——哈
　　　桑·法赛的建筑思想及手法分析［J］.建筑与环境,2015
　　　(9):60-61.

［23］林楠.在神秘的面纱背后——埃及建筑师哈桑·法赛评
　　　析.世界建筑,1992(6):67-72.

［24］杨叶生.试探讨古代埃及法老与维西尔的关系［J］.阿拉伯
　　　世界研究,2006(4):60-64.

二、外文文献

[1] BRETT M. The Fatimid Empire [M]. Edinburgh: Edinburgh University Press, 2017.

[2] DODSON A, AMARNA S. Egypt from Golden Age to Age of Heresy[M]. Cairo: American University in Cairo Press, 2016.

[3] JONNTHAN R. The Crusades, Christianity and Islam [M]. Columbia: Columbia University Press, 2008.

[4] HASSAN F. Architecture for the Poor—An Experiment in Rural Egypt[M]. Chicago and London: The University of Chicago Press, 1976.

[5] SIMS D. Understanding Cairo: The Logic of a City out of Control[M]. Cairo: The American University in Cairo Press, 2010.

[6] WILKINSON RICHARD H. The Complete Gods and Goddesses of Ancient Egypt[M]. London: Thames & Hudson, 2003.

[7] الفريد بتلر، فتح العرب لمصر-تاريخ الفتح الإسلامي لمصر عام 21هجريا،ترجمة:محمد فريد ابو حديد،القاهرة،تبارك للطباعة والنشر والتوزيع،2019.

[8] القس منسى يوحنا، تاريخ الكنيسة القبطية، القاهرة،مكتبة المجدة،د.ت

[9] دوجلاس بريور-إيملي تيتر،مصر والمصريون، ترجمة:د.عاطف معتمد-د.محمد رزق ،القاهرة، الهيئة المصرية العامة للكتاب،2015.

[10] محمد مسين هيكل، مذكرات في السياسة المصرية، القاهرة، دار المعارف،د.ت

[11] علي الدين هلال، النظام السياسي المصري-بين إرث الماضي وآفاق المستقبل1981-2010، القاهرة، الدار المصرية اللبنانية، 2010.

[12] ياقوت بن عبد الله الحموي، معجم البلدان- الجزء الخامس،بيروت،دار الصادر،د.ت